D1697069

Kohlhammer

Thomas Schildhauer

Erfolgsfaktor Musikmarketing im Social Web

Verlag W. Kohlhammer

Umschlag: © Rahel Kraska, Berlin

ISBN: 978-3-17-021642-6

Inhaltsverzeichnis

Vorwort der Herausgeber **9**

Autorenvorwort **11**

A   **Theoretische Grundlagen** **15**

1   **Grundlagen des strategischen Marketings** 15
1.1   Einleitung 15
1.2   Ausgangslage 16
1.2.1   Analyse der Marktkräfte 16
1.2.2   Die drei Ebenen der Marketingkonzeption 17
1.2.3   Zieldefinition 18
1.3   Strategiedefinition 19
1.3.1   Marktbearbeitungsstrategien 19
1.3.2   Wettbewerbsstrategien 23
1.3.3   Parzellierungsstrategien 24
1.4   Marketing-Mix 27
1.5   Ausblick und Entwicklung: Social Media 28

2   **Musikvermarktung im Internet** 31
2.1   Die Entwicklung des digitalen Musikmarktes
         in Deutschland 31
2.2   Digitale Geschäftsmodelle 35
2.2.1   Subscription-Services 36
2.2.2   „Ad-Funded" Streaming Services 37
2.3   Musikvermarktung im digitalen Musikmarkt 38
2.3.1   Integrierte Kommunikation als Instrument
         für die Vermarktung 39
2.3.2   Beispiel aus dem Bereich Classics & Jazz
         von Universal Music 40

3	**Social Media: Zielgruppenanalyse im Internet**	45
3.1	Nie ohne Ziel analysieren!	46
3.2	Analyse-Varianten: Fokus, Monitor, Sonar	47
3.2.1	Fokus: Das Publikum in den Mittelpunkt stellen	47
3.2.2	Monitor: Die Entwicklungen im Zusammenhang mit dem Künstler verfolgen	48
3.2.3	Sonar: Frühe Signale für den Künstler nutzen	48
3.3	Grundbausteine einer Social-Media-Analyse	49
3.3.1	Top-Quellen und Meinungsführer: Wer?	50
3.3.2	Themen des Publikums: Was?	50
3.3.3	Tonalitäten: Wie?	51
3.4	Ableitungen: Beispiel Entscheidungsprozess	52
3.5	Ausblick: Von ersten Analysen zum Aufbau hoher Dialogfähigkeit	53
4	**Der Mensch als Marke im Musikmarketing**	55
4.1	Das Konzept	56
4.2	Die Elemente der Markenführung	59
4.2.1	Belohnungsversprechen	59
4.2.2	Erfolgsfaktoren	60
4.2.3	Vermittlung	61
4.3	Positionierung	61
4.4	Konzeption der Markenführung	62
4.5	Digitale Kommunikation	63
4.6	Fazit	64
5	**Wandel der Beziehungsform zwischen Musiker und Publikum durch das Social Web – von der Unerreichbarkeit zur „Nähe"**	66
5.1	Einleitung	66
5.2	Medienwelt im Wandel	67
5.3	Vermenschlichung	70
5.4	Eigenschaften der Beziehung im Social Web	72
5.4.1	Kontrollverlust	73
5.4.2	Transparenz	74
5.4.3	Authentizität	74
5.4.4	Ethik	75
5.4.5	Vertrauen	75
5.5	Risiken und Nebenwirkungen	75
5.6	Distanz: out / Dialog: in	76

B   Praktische Umsetzung: Konzeption **78**

**1   Weiterbildungskonzept DigiMediaL –
         Handlungsempfehlungen für das strategische
         Musikmarketing im Internet** 79
1.1   Hintergrund und Motivation zur Konzeption von
         DigiMediaL 79
1.2   Ziele des Weiterbildungskonzepts DigiMediaL 81
1.3   Kursgestaltung und Inhalte 82
1.3.1   Die fünf Themenbereiche... 82
1.3.2   Die sechs Formate der Wissensvermittlung............................. 84
1.3.3   Die Rolle des wissenschaftlichen Mitarbeiters im
         Lehrforschungsprojekt DigiMediaL..................................... 85
1.4   Erfahrungen aus den Kursdurchgängen 86

**2   Bedarfsanalyse – Weiterbildungsbedarf von Musikerinnen
         und Musikern unter Berücksichtigung von Diversity-
         kriterien** 89
2.1   Gender- und Diversitysensibilität in der Hochschullehre........... 89
2.2   Anforderungen an das Projekt DigiMediaL 90
2.2.1   Gender- und Diversitykriterien in der Projektdurchführung 91
2.2.2   Gender- und diversityrelevante Ergebnisse der qualitativen
         Befragung von Teilnehmenden in Gruppendiskussionen 92
2.3   Schlaglichter auf das Kursgeschehen aus Gender- und
         Diversitysicht 94
2.4   Schlussfolgerungen... 96

**3   Zielgruppenanalyse für das Künstlermarketing –
         Vorgehen, Chancen und Barrieren**.................................... 98
3.1   Internetnutzung in Zahlen 98
3.2   Marktforschung zur Zielgruppenanalyse................................ 99
3.2.1   Ziele.. 99
3.2.2   Grundlagen der Marktforschung.. 99
3.2.3   Typologien von Musikzielgruppen 101
3.2.4   Praxistipps zur Zielgruppenanalyse 102
3.2.5   Tools zur Zielgruppenbestimmung...................................... 104
3.3   Fazit 105

C	**Fallbeispiele**	**106**
1	**Vorstellung eines Musikmarketingkonzeptes für eine Solokünstlerin: „Zoe Leela: Digital erfolgreich mit Creative Commons"**	106
1.1	Musikverwertung im digitalen Zeitalter	106
1.2	Die Künstlerin Zoe Leela und Creative Commons	109
1.3	Partnerschaften und Musiksponsoring	112
1.4	Der Name ist das Kapital	114
2	**Leitfragebogen zur Entwicklung eines individuellen Selbstmarketingkonzeptes für Musiker**	116
2.1	Hinweise für den Einsatz des Leitfragebogens	116
2.2	Ausschnitt aus dem Leitfragebogen	117
2.3	Inhaltliche Einordnung des Leitfragebogens	118
Zu den Autoren		120
Anmerkungen		123
Literaturverzeichnis		125

Vorwort der Herausgeber

Die Kultur- und Kreativwirtschaft boomt! Umsatzwachstum und Wertschöpfung dieser neuen Teilbranche sind ebenso bemerkenswert wie die Besonderheiten der Akteure. Sie sind in der Regel jung, künstlerisch bzw. kulturell hoch qualifiziert und verfügen über eine hohe Motivation zur beruflichen Selbstständigkeit. Häufig sind sie allerdings auch wenig kompetent in wirtschaftlichen und rechtlichen Fragen. Dies ist uns als Herausgeber durch eigene Aktivitäten im Bereich der Kultur- und Kreativwirtschaft bestätigt worden und hat uns gleichzeitig motiviert die Edition Kreativwirtschaft zu begründen.

Die Edition Kreativwirtschaft behandelt zentrale Felder der unternehmerischen Kulturarbeit und Kreativwirtschaft. Ziel ist es dabei, den Akteuren in der Kultur- und Kreativwirtschaft sowohl anwendungsorientiertes Know-how als auch theoretisches, ökonomisches und rechtliches Wissen zur Verfügung zu stellen. Die in dieser Reihe erscheinenden Publikationen verfolgen einen didaktischen Ansatz, der aus drei Segmenten besteht: theoretische Grundlagen, empirische Befunde, Handlungsempfehlungen sowie Fallstudien und Übungsbeispiele.

Eröffnet wurde die Reihe mit einem Band zu Kulturmanagement und Unternehmertum, der ein Modell unternehmerischer Kompetenzfaktoren enthält und mit dem gezeigt wird, dass zukünftig vermehrt auch Kultureinrichtungen kulturelles Handeln mit unternehmerischem Denken verknüpfen müssen.

Der zweite Band über Beratung und Coaching in der Kreativwirtschaft enthält Handlungsempfehlungen für kreative Gründer/-innen, um aus Gründungsvorhaben erfolgsversprechende Geschäftsmodelle zu entwickeln. Dazu haben die Autoren u.a. Modelle und Faktoren entwickelt, wie sich Kreativgründungen differenzieren lassen, um dann zielgenaue Coachingstrategien für die jeweiligen Gründungen in der Kultur- und Medienwirtschaft zu beschreiben. Darüber hinaus werden Empfehlungen gegeben, wie Kreativgründer/-innen bei der Auswahl geeigneter Coaches und Berater/-innen vorgehen können.

Der nun vorliegende dritte Band der Reihe richtet sich auf den Musikmarkt und die Bedeutung des Marketing für diese Branche. Dabei wird besonders die zunehmende Digitalisierung und Internetbasierung des Musikgeschäftes berücksichtigt, die sowohl auf die Musikproduktion als auch die Vermarktung von Musik erhebliche Einflüsse hat. Wer sich als Musiker/-in auf dem konventionellen und digitalen Markt durchsetzen will, braucht neben seiner Begabung, die schon immer eine wichtige Rolle gespielt hat, umfangreiche Kenntnisse über die unterschiedlichen Märkte und deren Bearbeitung. Erfolgreiche Musiker/-innen müssen nicht nur hervorragende Künstler/-innen sein, sondern sie sind immer mehr als Experten von Vermarktung ihrer Musik und von sich selbst („Selbstmarketing") sowie auch in den digitalen Welten gefordert.

Der aktuelle Band der Reihe greift die unterschiedlichen Entwicklungen auf, beschäftigt sich mit den aktuellen Tendenzen im Musikgeschäft und stellt deren Entstehung und Auswirkungen anschaulich dar. Daran schließt sich eine fundierte Übersicht über praktische Erfahrungen aus der Musikbranche an, die mit Erfahrungen aus der Lehre im Bereich des innovativen Musikmarketings ergänzt wird. Praxisbeispiele runden das Bild über den aktuellen Musikmarkt und dessen Anforderungen ab. Die Entwicklungen und Erfahrungen im Musikgeschäft münden in ein Konzept, das die wesentlichen Strategien und Instrumenten des Marketing und der Social Media enthält, die erforderlich sind, um auf dem aktuellen und zukünftigen Musikmarkt erfolgreich zu sein. Die theoretischen und praktischen Ergebnisse des Buches sind sowohl für Musiker/-innen als auch für Musikmanager/-innen und für die Aus- bzw. Weiterbildung angehender Musiker/-innen aussagekräftig und anwendungsgerecht aufbereitet.

Elmar D. Konrad

Geschäftsführender Leiter
des Instituts für Unternehmerisches
Handeln (IUH)
Fachhochschule Mainz

Herbert Grüner

Professor für Grundlagen
der Wirtschaftswissenschaften
Kunsthochschule Berlin

Autorenvorwort

Die fortschreitende Digitalisierung macht auch vor dem Musikgeschäft nicht halt. Immer mehr Menschen wollen ihre Lieblingsmusik aus dem Netz laden können, möglichst ohne dafür viel bezahlen zu müssen. Für Musikerinnen und Musiker sowie Plattenfirmen eröffnen sich völlig neue Möglichkeiten der Vermarktung, traditionelle Geschäftsmodelle sind in Frage gestellt und auch jene, die weiterhin an dem CD-Format festhalten oder Anzeigen in Tageszeitungen schalten, müssen sich dennoch mit den anderen Kommunikations- und Vertriebskanälen auseinandersetzen. Welche Bedeutung hat die Digitalisierung für die Musikerinnen und Musiker im Einzelnen? Sie begegnen neuen Herausforderungen, was das Produkt, ihre Musik und deren Vermarktung, betrifft. Musikerinnen und Musiker benötigen aufgrund der rasanten Entwicklung des Musikmarktes aktuelle Kenntnisse im strategischen Musikmarketing, welches seinen Schwerpunkt immer mehr auf das Internet verlagert. Die Digitalisierung erlaubt den äußerst schnellen, weltweiten Austausch von Daten und damit auch von Musiktiteln. Begabten Musikerinnen und Musikern, die bisher nur über die von den Labels besetzten Vertriebswege eine Chance hatten, sich im Markt durchzusetzen, eröffnen sich plötzlich neue Wege des Markteintritts und damit eines möglichen, selbstgesteuerten Erfolgs. Tauschbörsen ermöglichen eine schnelle, schwer kontrollierbare Verbreitung von Musik. Durch das Internet können Kommunikation und Distribution über ein einziges Medium abgewickelt werden. Genau deshalb werden traditionelle Strukturen des Musikmarktes, wie zum Beispiel der Vertrieb über Labels, durch die Digitalisierung in Frage gestellt. Musikmanagerinnen und -manager benötigen aktuelles Wissen und innovative Ideen, um das Potenzial des Internets nutzen sowie Künstlerinnen und Künstler im Medium positionieren zu können.

In diesem Werk vereinen sich grundlegende und weiterführende Perspektiven des strategischen Musikmarketings im Internet. Dabei werden verschiedene thematische Schwerpunkte gesetzt. Unter der Prämisse, dass das Internet Möglichkeitsräume für Wertschöpfung und Kommunikation öffnet, die von Musikerinnen und Musikern genutzt werden müssen, um ihre Selbstvermarktung gemäß dem digitalen Zeitgeist auszurichten, werden theoretische und praktische Ansätze aufgezeigt. Aus-

gangspunkt bildet das am Zentralinstitut für Weiterbildung der Universität der Künste Berlin im Mai 2008 initiierte Weiterbildungsprojekt „DigiMediaL – Strategisches
Musikmarketing im Internet", sowie die im Vorfeld durchgeführte und durch die
Berliner Senatswirtschaftsverwaltung durch EFRE-Mittel geförderte „Bestands-
erhebung Weiterbildungsbedarfe in der Kreativwirtschaft". Als Zertifikatskursreihe
vermittelt DigiMediaL Berliner Musikerinnen und Musikern seit Oktober 2009
relevantes Wissen für eine effektive Selbstvermarktung im Web. Gefördert und kofinanziert wird das Projekt von der Senatskanzlei – Kulturelle Angelegenheiten in
Berlin aus Mitteln des Europäischen Sozialfonds (ESF) im Förderprogramm Qualifizierung Kulturwirtschaft (KuWiQ) sowie aus Mitteln des Europäischen Fonds für
regionale Entwicklung (EFRE) in der Förderlinie Qualifizierungskapazitäten für die
Kulturwirtschaft (QiK). Im Unterricht erprobt und ständig weiterkonzipiert hat sich
„DigiMediaL" zu einem Lehrforschungsprojekt entwickelt, in welchem neben Musikerinnen und Musikern auch Expertinnen und Experten aus (Musik-)Wirtschaft
und Wissenschaft zueinanderfinden. Entwickelt hat sich daraus ein Expertenpool
aus Lehrenden und Konzeptionierenden, welcher in diesem Buch ausgewählte (Er-)
Kenntnisse zum Thema „Strategisches Musikmarketing im Internet" gebündelt wei-
tergibt.

Das Weiterbildungskonzept – wie auch dieses Buch zum Thema – verfolgen einen
innovativen Ansatz: Sie vermitteln konkrete Handlungsempfehlungen für ein strategisches Musikmarketing im Web. Die Lektüre des Buches unterstützt Künstlerinnen und Künstler in der Konzeption eines eigenen Vermarktungsprofils und kann
somit beispielsweise den Ausbau der Fanbasis und eine nachhaltige Fanbindung
fördern. Die Mischung aus wissenschaftlich profunder Theorie und aktuellen, praktischen Beispielen, vorgestellt von Expertinnen und Experten der Fachgebiete Musik
und Marketing, bilden dabei eine fruchtbare Kombination und einen optimalen
Einstieg in die Thematik. Als Adressaten sind neben Musikerinnen und Musikern
aller Genres auch Musikmanagerinnen und -manager oder Anbieterinnen und
Anbieter von Weiterbildungsmaßnahmen, die in diesem Werk Orientierung zur
Konzeption ihrer Projekte finden, zu nennen. Im Sinne der Zielstellung des Zentralinstituts für Weiterbildung der Universität der Künste Berlin, innovative Weiterbildungsangebote im künstlerisch-kreativen Bereich zu realisieren, richtet sich dieses
Buch vornehmlich an Akteure der Kultur- und Kreativwirtschaft, die ihren fachlichen Horizont erweitern möchten.

Zu diesem Zweck gliedert sich das Werk in drei Abschnitte. Im ersten Abschnitt
wird die theoretische Komponente beleuchtet. Das Fundament dafür bildet die Darstellung der Grundlagen des Marketings speziell auf die Musikbranche angewandt.

Den theoretischen Abschnitt um die praxisorientierte Perspektive ergänzend,
werden im zweiten Teil des Buches unterschiedliche Aspekte des Musikmarketings
im Internet erfasst. Beispielhaft wird auf das Weiterbildungsangebot „DigiMediaL"
Bezug genommen. Im Anschluss werden die Aspekte Gender und Diversity in Wei-
terbildungsangeboten für Musikerinnen und Musiker wie „DigiMediaL" thematisiert. Zudem stellt dieser Teil des Buches vor, wie eine empirische Evaluation von
Marketingaktivitäten im digitalen Musikbusiness aussehen kann. Der dritte Abschnitt

widmet sich ausgewählten Fallbeispielen zum Thema Musikmarketing im Internet. In diesem Rahmen werden ein Best Practice Beispiel einer Solokünstlerin aufgeführt und ein konkreter Leitfragebogen für individuelles Selbstmarketing vorgestellt.

Dass das Werk in diesem Umfang an Wissen und Erkenntnissen, praktischen Anwendungen und Beispielen entstehen konnte, ist einer Reihe von Menschen zu verdanken, die ein außergewöhnliches Maß an Wissen, Zeit, Engagement und Zuspruch investiert haben, um das Weiterbildungskonzept „DigiMediaL" und dieses Buch realisieren zu können. Mein Dank gilt dem Projektteam und der Universitätsleitung der Universität der Künste Berlin, die dieses Projekt möglich machten und von der Notwendigkeit eines fundierten, nicht fachlichen Weiterbildungsangebot für Musikerinnen und Musiker überzeugt sind. Besonders danken möchte ich den Dozenten und Teilnehmern des Zertifikatskurses DigiMediaL, die sich mit uns auf dieses Forschungsexperiment eingelassen haben. Ganz herzlich möchte ich der Senatskanzlei – Kulturelle Angelegenheiten danken, die – begründet in der Bedeutung des Projekts – dieses mit Mitteln des Europäischen Sozialfonds und des Europäischen Fonds für regionale Entwicklung kofinanziert hat. Weiterhin danke ich dem Kohlhammer-Verlag und den Herausgebern der Edition Kreativwirtschaft, Prof. Dr. Elmar D. Konrad und Prof. Dr. Herbert Grüner, für die Möglichkeit zur Realisierung des Buches sowie den Menschen, die an der Universität der Künste Berlin, im Berliner Kulturbereich und in der Berliner Musikerszene dieses Projekt tatkräftig unterstützt haben.

Ich möchte mich schließlich persönlich bei meinen Koautoren und Frau Nichterlein bedanken, die uns hervorragend unterstützt und zur Entstehung dieses Buches maßgeblich beigetragen hat, und wünsche Ihnen nun im Namen aller Autoren eine inspirierende Lektüre.

Berlin, März 2012

Thomas Schildhauer

Professor für Electronic Business
mit Schwerpunkt Marketing an
der Universität der Künste Berlin

A   Theoretische Grundlagen

1   Grundlagen des strategischen Marketings
(Thomas Schildhauer)

1.1   Einleitung

Die Entwicklung einer strategischen Musikmarketingkonzeption ist die Voraussetzung für einen zielgerichteten Einstieg in die chancenreichen Märkte der Musikbranche. Eine erfolgversprechende Marketingkonzeption erfolgt auf der Basis einer systematischen Analyse des Musikmarktes. Für den Bereich des Musikmarketings werden in dem folgenden Beitrag aus der Wirtschaftswissenschaft bekannte Strategien auf ihre Wirksamkeit hin untersucht. Die Ableitung von Strategien zur Erschließung des Musikmarktes sowie Möglichkeiten ihrer Umsetzung in Form von geeigneten Marketinginstrumenten sollen zeigen, wie sich ein marketingstrategischer Grundkanon in der Musikwirtschaft bewähren kann. Aufgrund der prinzipiellen Problematik, Musik als Produkt im weiteren Sinne mit schwer objektivierbaren Produkteigenschaften im Kontext herkömmlicher Vermarktungsprozesse zu behandeln, hat die Darstellung einführenden Modellcharakter.

In der Regel verstehen sich Künstler nicht als Unternehmer, die gemäß den Regeln des Marktes handeln. Im Vordergrund stehen für sie vielmehr das künstlerische Werk, die Umsetzung einer künstlerischen Idee und der emotionale Ausdruck. Sobald aber Künstler ihre Arbeit potenziellen Interessenten, seien es Abnehmer oder Agenten, anbieten wollen, werden sie Teil eines spezifischen Marktes, in dem sie sich behaupten müssen. Das Wissen um die Beziehungen zwischen den Vertretern der Musikindustrie, den Abnehmern und den Künstlern ist die Grundlage, um erfolgreich marktstrategische Maßnahmen ergreifen zu können.

1.2   Ausgangslage

1.2.1   Analyse der Marktkräfte

Der erste Schritt, um Unternehmens- und Marketingziele definieren zu können, besteht darin, eine Situationsanalyse durchzuführen. Eine solche Analyse der Wettbewerbskräfte bildet die Basis für eine effektive Positionierung am Markt. Als Analyseinstrument des klassischen Marketings steht ein im Angelsächsischen als SWOT-Analyse[1] (S = Strengths, W = Weaknesses, O = Opportunities, T = Threats) bezeichneter Ansatz zur Verfügung, mit dessen Hilfe sowohl intern als auch extern Stärken und Schwächen verglichen und Chancen in Relation zu den Risiken eines strategischen Management gesetzt werden können. Auf der Basis einer solchen Analyse werden Antworten auf grundlegende Fragen gegeben wie „Wo stehen wir heute?" bzw. „Wie sind wir hierhergekommen?", um schließlich die Frage zu beantworten: „Wo wollen bzw. müssen wir zukünftig hin?"[2]

Ein anderes Werkzeug zur Analyse der Marktkräfte ist das von Porter entwickelte Konzept der Branchenstrukturanalyse (Five-Forces-Modell[3]). Angewandt auf die Musikbranche, lassen sich dabei folgende Elemente unterscheiden: Im Zentrum des Modells stehen die Wettbewerber der Musikindustrie (z. B. Universal, Sony Music, EMI, Warner, Sonstige/Independents) sowie die Intensität ihrer Rivalität. Es kommen diverse Einflussfaktoren hinzu, die auf die Branche einwirken. Als erstes üben die Zulieferer, die Kreativen (Urheber, Interpreten, Verlage) und die Technikseite (Presswerke, Produzenten, Studios) mit ihrer Verhandlungsstärke Einfluss

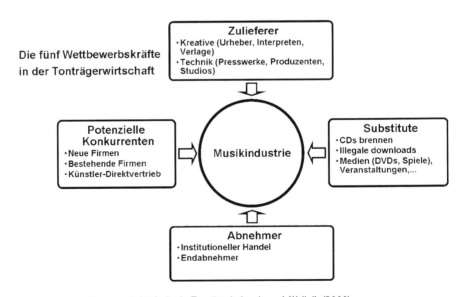

Abb. 1 Die fünf Wettbewerbskräfte in der Tonträgerindustrie nach Wollnik (2000)

auf die Musikbranche aus. Zum Zweiten stellen Substitute (Ersatzprodukte) eine konstante Bedrohung für die Musikindustrie dar, etwa selbstgebrannte CDs, illegale Downloads, Medien (z. B. DVDs, Spiele) oder Veranstaltungen. Drittens beeinflussen die Abnehmer, der institutionelle Handel und die Endabnehmer, die Branche durch ihre Verhandlungsstärke. Schließlich können jederzeit auch neue Anbieter, seien es neue oder bestehende Künstler oder Firmen, z. B. Künstler-Direktvertriebe, in den Konkurrenzkampf des Marktes eintreten.

1.2.2   Die drei Ebenen der Marketingkonzeption

Marketing besteht grundsätzlich in der Planung, der Koordination und der Kontrolle aller auf die aktuellen und potenziellen Märkte ausgerichteten Unternehmensaktivitäten. Die Unternehmensziele sollen durch eine dauerhafte Befriedigung der Kundenbedürfnisse verwirklicht werden.[4] Die markt- bzw. kundenorientierte Unternehmensführung erfordert eine unternehmensindividuelle Marketingkonzeption. Für den Begriff „Unternehmen" kann im Kontext des Musikmarketings auch synonym „Künstler, Band etc." eingesetzt werden. Eine Marketingkonzeption lässt sich als ein dreistufiger „Fahrplan" im Sinne von schlüssigen Handlungsanweisungen beschreiben, die von Stufe zu Stufe eine zunehmende Konkretisierung bzw. Detaillierung erfahren. Dieser sogenannte Fahrplan orientiert sich an den anvisierten Zielen („Wunschorten": „Wo wollen wir hin?"), für deren Realisierung geeignete Strategien („Route": „Wie kommen wir dahin?") definiert und auf deren Grundlage adäquate Marketinginstrumente („Beförde-

Abb. 2 Inhalte und Aufbau von Marketingkonzeptionen (Quelle: Becker 2009, S. 4)

rungsmittel": „Was müssen wir dafür einsetzen?") bestimmt werden. Die drei Ebenen einer Marketingkonzeption setzen sich folglich zusammen aus der Bestimmung der Marketingziele, der Festlegung der Marketingstrategien und der Wahl des Marketing-Mix.[5]

1.2.3 Zieldefinition

Während Musiker sich in erster Linie künstlerisch ausdrücken, Menschen unterhalten und berühren wollen, gehorcht die Musikindustrie strengen ökonomischen Regeln. Die Marketingziele der Tonträgerunternehmen bestehen darin, Musik zu finden, zu produzieren und zu vermarkten. Ihr erklärtes Unternehmensziel ist es, Plattenverträge abzuschließen und den Bekanntheitsgrad der Bands zu steigern, um mit besser besuchten Shows und dem Verkauf von Musikprodukten (Tonträgern, Songs, Merchandising-Artikeln) Gewinne zu erwirtschaften.

Ein zieladäquater Handlungsrahmen (Korridor) zeichnet sich durch Präzision, Terminierung und Messbarkeit aus. Dies gelingt durch Festlegung der drei grundlegenden Dimensionen Zielinhalt (was soll erreicht werden?), Zielausmaß (wie viel soll davon erreicht werden?) und Zielperiode (bis wann soll es erreicht werden?).[6] Als Beispiel nehmen wir den fiktiven Fall einer nebenberuflich tätigen Jazzband mit Standard-Besetzung und Standard-Repertoire. Hier könnte ein solcher Zielkorridor wie folgt aussehen: Innerhalb von 24 Monaten (Zielperiode) so häufig gebucht zu werden (Zielinhalt), dass alle Bandmitglieder von der Musik leben können, d. h. mindestens 3.000 € pro Person monatlich an Einnahmen zu erzielen (Zielausmaß).

Die Lenkungsleistung von Strategien besteht darin, dass unkoordinierte Mehrfachwege, Abbruch und Neubeginn wie bei nicht strategieorientierten Vorgehensweisen vermieden werden.[7]

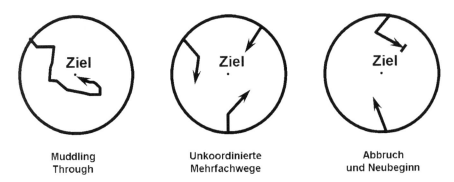

| Muddling Through | Unkoordinierte Mehrfachwege | Abbruch und Neubeginn |

Abb. 3 Vorgehensweise mit und ohne Strategie

1.3   Strategiedefinition

Um einen zielführenden Strategiekorridor zu erstellen, kann auf die von mir konzipierte Strategie-Knowledge-Map (Abb. 4) zurückgegriffen werden, worin sich alle verfügbaren Strategieansätze aus Wirtschaftstheorie und -praxis verdichtet finden. Es sollen drei ausgewählte Kernstrategien vorgestellt werden, die für das Musikmarketing von besonderer Bedeutung sind:

1. Marktbearbeitungsstrategien,
2. Wettbewerbsstrategien und
3. Parzellierungsstrategien.

Die übrigen Strategien sind für ein vollständiges Strategieprogramm ebenfalls auf Anwendbarkeit im jeweiligen Fall zu überprüfen, werden im Rahmen dieses Beitrags jedoch nicht weiter betrachtet, da dies den hier vorliegenden Rahmen sprengen würde.

1.3.1   Marktbearbeitungsstrategien

Marktbearbeitungsstrategien lassen sich durch vier grundlegende Marktfelder beschreiben: Marktdurchdringung, Marktentwicklung, Produktentwicklung und Diversifikation. Aufgrund der systematischen Ausrichtung wird diese Vorgehensweise als „Z-Strategie der Marktbearbeitung"[8] bezeichnet. Auch in der Musikwirt-

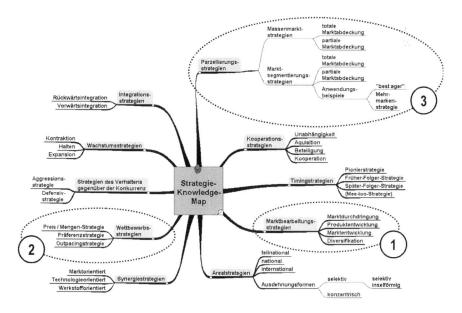

Abb. 4 Strategie-Knowledge-Map

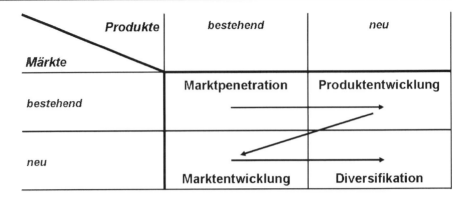

Abb. 5 Die vier marktfeld-strategischen Optionen eines Unternehmens (Quelle: Becker 2009, S. 148 f., 415)

schaft kommen diese vier Stoßrichtungen der Marktbearbeitungsstrategien zum Einsatz.

Die Marktdurchdringung ist die marketingtechnische Grundstrategie eines jeden Unternehmens. Mit dieser Strategie wird ein erhöhter Absatz vorhandener Produkte auf bestehenden Märkten angestrebt. Die Ausschöpfung des gegenwärtigen Marktes kann grundsätzlich durch Intensivierung des Konsums bei den Stammverbrauchern, Abwerben von Kunden der Konkurrenz oder Gewinnung bisheriger Nicht-Verwender erreicht werden.[9] Eine Erhöhung der Absatzmengen und steigende Marktanteile führen zu sinkenden Stückkosten. Von der Musikin-

Abb. 6 Marktdurchdringung – Katalogauswertung (Quelle: Universal Music)

dustrie werden mit Best-Ofs, Compilations und Wiederveröffentlichungen aus dem Katalog-Bereich in einem bestimmten Markt immer wieder dieselben Produkte und Inhalte angeboten. Beispiele unter vielen sind dafür die unzähligen Zusammenstellungen von ABBA, Elvis Presley oder Johnny Cash.

Die nächste Option im Rahmen der Marktbearbeitungsstrategien ist die Strategie der Produktentwicklung. Diese bietet die Möglichkeit, mit neuen Produkten auf bestehenden Märkten für Wachstum zu sorgen. Die Produktentwicklungsstrategien unterteilen sich in Produktgestaltungs- und Programmgestaltungsstrategien. Die Musikindustrie erweiterte ihre Produktpalette beispielsweise mit der Herstellung und dem Vertrieb von Musik-DVDs, die neben der Musik weitere Medien beinhalten. Stars wie Bob Dylan, David Bowie oder Madonna sind dafür bekannt, dass sie sich kreativ und optisch weiterentwickelt haben. Im Klassik-Bereich ist die optische Veränderung von Anne-Sophie Mutter und ihrer Plattencover dafür exemplarisch. Label wie Speakers Corner Records, die hochwertige remasterte Vinyl-Neuveröffentlichungen alter Aufnahmen anbieten, sind ein gutes Beispiel für Produktentwicklung.

Die Produktgestaltung im engen Sinn bietet zwei Gestaltungsinstrumente. Zum einen die technisch-funktionale Qualität („Produktinneres"), zum anderen die formal-ästhetische Qualität („Produktäußeres"). Zum Produktinneren zählen u. a. Produktbestandteile wie der musikalische Inhalt (Musik, Text, Arrangement, Aufnahme, Gesamttitel, Reihenfolge der Titel etc.), zum Produktäußeren u. a. das Format (Single, Album, Compilation etc. und CD, DVD, MC, SACD, Download, Klingelton etc.) oder technische Details (Komprimierung, Multimedia-Inhalte). Zur

Abb. 7 Produktentwicklung – Beispiel Anne-Sophie Mutter (Quelle: Universal Music)

Produktgestaltung im weiten Sinn gehören die Gestaltungsinstrumente Verpackung (Jewel Case, Digipack, Box etc.) und Markierung (Produktäußeres im weiten Sinn) durch Artwork (Cover, Backcover, Booklet, Logo etc.). Die Deutsche Grammophon zum Beispiel wird mit einer klaren Identität und hoher Qualität in Verbindung gebracht und ist optisch über Logo und Covergestaltung sofort erkennbar.

Durch den Einsatz von Produktgestaltungselementen wird die Nutzenstruktur eines Produktes definiert. Der Verbraucher verspricht sich von einem Produkt die Erfüllung eines (stofflich-technischen) Grundnutzens. Zusätzlich bietet das Produkt einen (seelisch-geistigen) Zusatznutzen. Während der Grundnutzen die Funktionsleistung und das Produktinnere betrifft (z. B. die künstlerische Leistung), wird der Zusatznutzen durch Formgestaltung und Image erreicht (etwa limitierte Auflagen für Sammler).

Wenn die Produktentwicklung erfolgreich abgeschlossen ist, wird die dritte Strategieoption, die Marktentwicklung, durchgeführt. Ihr Ziel ist es, für vorhandene Produkte neue, bisher nicht bearbeitete Märkte aufzuspüren. Neue Märkte sind gekennzeichnet durch Chancen, bergen aber auch Risiken. In der Praxis äußert sich die Marktentwicklung meist durch Schaffung zusätzlicher Potenziale in Teilmärkten. Die Einführung der CD Anfang der 1980er Jahre ist ein markantes Beispiel für eine gelungene Marktentwicklungsstrategie. Compilations, gebunden an Musiksendungen (Bravo-TV, The Dome, Top Of The Pops), Repertoirezusammenstellungen, Neuproduktionen, Künstlerzusammenstellungen, Künstler-Best-Ofs, Labelsampler, Musik-DVDs, Hörbücher und (iPod) Downloads sind aktuelle Beispiele für die Ausweitung auf neue Märkte.

Die Diversifikation stellt die letzte Strategiestufe der Marktbearbeitung dar. Mit ihr stößt ein Unternehmen in völlig neue Produkt- und Marktgebiete vor, was sie wegen des fehlenden Bezugs zum bisherigen Geschäft zu einer chancen-, aber ebenso risikoreichen Marktbearbeitungsstrategie macht. Zum einen strebt sie die Erweiterung des bestehenden Produktprogramms durch verwandte Produkte für gleiche Abnehmer an, zum anderen die Nutzung von Synergiepotenzialen durch Verwendung bekannter Technologien und vorhandener Vertriebswege. Die Gründung der Virgin-Airline durch Virgin-Records-Gründer Richard Branson ist sicherlich das prominenteste Beispiel einer Diversifikationsstrategie in der Musikindustrie.

Für die exemplarisch gewählte Jazzband könnten die vier strategischen Optionen der Marktbearbeitung folgendermaßen aussehen: unablässiges Auftreten in der eigenen Region (Marktdurchdringung), neues Repertoire, z. B. Jazz-Versionen aktueller Pop-Hits oder Dichterlesungen im Beiprogramm der Auftritte (Produktentwicklung), Entwicklung eines Programms für Kinder, Kindergärten und Schulen (Marktentwicklung) sowie Angebot von Musikunterricht oder Eröffnung eines eigenen Clubs (Diversifikation).

1.3.2   Wettbewerbsstrategien

Der zweite Strategiebereich, der hier betrachtet werden soll, sind die Wettbewerbsstrategien. In Ergänzung zu den Marktbearbeitungsstrategien fokussieren die Wettbewerbsstrategien darauf, den Markt bzw. den Wettbewerb zu beeinflussen und zu steuern. Hierfür wird der Markt in drei Regionen aufgeteilt: den oberen Markt (High-Price, obere Qualitätslage), den mittleren Markt (Mid-Price, mittlere Qualitätslage) und den unteren Markt (geringes Budget, untere Qualitätslage). Unter den in der Praxis angewandten Wettbewerbsstrategien sollte man sich allerdings für eine klare Richtung entscheiden, d. h. entweder für eine Präferenzstrategie (Qualitätsführerschaft, Imageführerschaft, Technologieführerschaft, Nutzenführerschaft und Serviceführerschaft) oder für eine Preis-Mengen-Strategie.[10]

Die Präferenzstrategie ist ein Hochpreis- bzw. Markenartikelkonzept. Dabei dient der Preis als Qualitätsmaßstab. Die Präferenzstrategie zielt auf die Herausstellung einer tragenden Idee, indem ein Markenimage durch das Angebot einer nutzendominanten Leistung geschaffen wird. Hierfür ist der Einsatz hoher finanzieller Mittel erforderlich. In der Musikindustrie sind ein Beispiel für Präferenzstrategien die Limited Editions von Rhino Handmade, mit denen Raritäten und verlorene Aufnahmen aus allen Genres, von Rock, Folk, Jazz bis Spoken Words, auf den Markt kommen.

Bei der Preis-Mengen-Strategie handelt es sich dagegen um ein Niedrigpreis- bzw. Discountkonzept. Permanente Kostenreduktion führt zu einem komparativen Preisvorteil, womit ein hoher und relativer Marktanteil erzielt werden kann. In der Tonträgerindustrie kommen vor allem Compilations und Best-Ofs als Teil einer Preis-Mengen-Strategie zum Einsatz. Auf dem Klassikmarkt bieten Labels wie Naxos Aufnahmen in der Budget-Preisgruppe an, ebenso wie Universal Music Group mit ihrer Eloquence-Reihe, über die ein Niedrigpreissegment für Klassik-Einspielungen präsentiert wird.

Weitere Beispiele für Wettbewerbsstrategien in der Musikbranche sind Bear Family Records, ein international renommiertes Label im Bereich von Wieder- und Neuveröffentlichung von Raritäten, das sich vor allem durch aufwendig recherchierte und gestaltete CDs und Boxen von vergessenen und weniger bekannten Künstlern einen Namen gemacht hat (Qualitätsführerschaft). Oder in der Vergangenheit auch das Traditionslabel mit besonders hochwertiger Aufnahmetechnik MPS – Musik Produktion Schwarzwald (Technologieführerschaft).

Die Wettbewerbsstrategien für unsere fiktive Jazzband könnten wir auf folgende Weise beschreiben: Einspielung besonders ausgeklügelter Coverversionen (Qualitätsführerschaft); Konzertangebote im Rahmen exklusiver Veranstaltungen und edle Merchandiseprodukte (Präferenzstrategie); ein besonderes Sounddesign und Herausgabe von Tonträgern nur in höchster Qualität unter voller Ausnutzung aktuellster Technik (Technologieführerschaft); alternativ, wenn keine Präferenzstrategie gewählt wurde, so viele Konzertangebote wie möglich und zu niedrigen Eintrittspreisen (Preis-Mengen-Strategie).

1.3.3   Parzellierungsstrategien

Der dritte hier vorgestellte Strategiebereich des Marketings befasst sich mit der totalen bzw. partialen Marktabdeckung und mit der Festlegung potenzieller Zielgruppen, die bedient werden sollen. Hierzu dienen die Strategien der Marktparzellierung. Man unterscheidet zwei grundlegend verschiedene Strategieansätze: zum einen das Massenmarketing, zum anderen die Marktsegmentierung. Die Massenmarktstrategie versucht, mittels undifferenzierten Marketings für ein vereinheitlichtes Produkt die größtmögliche Zahl von Abnehmern zu finden. Bei der Marktsegmentierung werden organisationale Käufergruppen mit Gemeinsamkeiten in ihrem Beschaffungsverhalten betrachtet. Die Segmentierung muss zu marketingpolitisch erreichbaren Marktsegmenten führen. Durch die Identifizierung verschiedener Segmente können Produktvarianten auf den Markt gebracht werden, die den Zielgruppen angepasst sind. Die potenzielle Käuferschaft besteht dabei aus vielen unterschiedlichen Gruppierungen, die in sich wiederum heterogen sind. Dabei kommt es nicht unbedingt darauf an, möglichst viele Konsumenten, sondern eine genügend große Zahl gezielt zu erreichen. Die Musikindustrie verfolgt sowohl die Massenmarktstrategie als auch die Marktsegmentierungsstrategie. Im Rock- und Popbereich werden Tonträger in der Regel für den Massenmarkt produziert. Vinyl-Schallplatten oder Special Editions mit Bonustracks richten sich

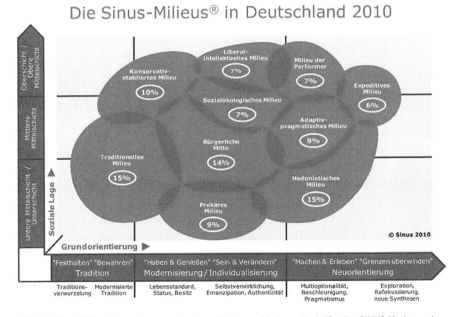

Abb. 8 Sinus-Milieus (Gruppierung anhand von Werten und Lebensstilen) (Quelle: SINUS Markt- und Sozialforschung GmbH, 2011)

dagegen eher an spezielle Hörerschaften wie Musikliebhaber oder Sammler. Insbesondere im Independentbereich werden auf diese Weise bestimmte Bevölkerungsgruppen gezielt angesprochen.

Aus einer vom Institut Sinus Sociovision seit den 1970er Jahren systematisch durchgeführten Marktforschungsanalyse ist ein einfaches Gesellschaftsmodell der sogenannten „Sinus-Milieus" hervorgegangen, das Zielgruppen nach ihren Lebensauffassungen und Lebensweisen gruppiert. Eine solche Zielgruppenanalyse kann ein Instrument sein, um Zielgruppen zu selektieren, die kommunikativ erreicht werden sollen. An dieser Stelle seien exemplarisch vier für das Musikmarketing interessante Bevölkerungsgruppen herausgegriffen.

Beispiel 1:
Zum Milieu der Performer zählt die junge unkonventionelle, effizienzorientierte Leistungselite mit global-ökonomischem Denken und stilistischem Avantgarde-Anspruch. Sie führt beruflich wie privat ein intensives Leben, das durch Multioptionalität, Flexibilität und Multimedia-Begeisterung charakterisiert ist. Aufgrund eines hohen Bildungsniveaus verfügen sie über ein überdurchschnittliches Einkommen.

Tom – *Der Performer*

Abb. 9 Der Performer (Quelle: Stock.XCHNG, 2011)

Beispiel 2:
Zum liberal-intellektuellen Milieu gehört die aufgeklärte Bildungselite mit liberaler Grundhaltung, postmateriellen Wurzeln, Wunsch nach selbstbestimmtem Leben und vielfältigen intellektuellen Interessen. Sie verfügt über einen hohen beruflichen Status und ein hohes Einkommen.

Winfried – *Der Liberal-Intellektuelle*

Abb. 10 Der Liberal-Intellektuelle (Quelle: Stock.XCHNG, 2011)

Beispiel 3:

Das expeditive Milieu bildet die stark individualistisch geprägte digitale Avantgarde: unkonventionell, kreativ, mental und geografisch mobil und immer auf der Suche nach neuen Grenzen und nach Veränderung. Beruflicher Status und Einkommen spielen für sie eine untergeordnete Rolle.

Danny – *Der Expeditive*

Abb. 11 Der Expeditive (Quelle: Stock.XCHNG, 2011)

Beispiel 4:

Eine vierte interessante und erstmals 2001 von Marc Prensky beschriebene Gruppe bildet die neue Generation der Digital Natives, „die nach 1980 direkt in das digitale Zeitalter hineingeboren wurden, als Technologien wie Usenet und Bulletin-Board-Systeme online gingen. Sie sind durchweg vernetzt und mit den neuen digitalen Medien und Möglichkeiten bestens vertraut."[11]

1.4   Marketing-Mix

Die dritte Stufe in der Entwicklung einer Marketingkonzeption stellt das Marketing-Mix dar. Auf der Grundlage von zielführenden Strategien müssen auf dieser letzten Ebene wirksame Marketingmaßnahmen abgeleitet und umgesetzt werden, um die eingangs in der Marketingkonzeption gesetzten Ziele erreichen zu können. Die wichtigsten Marketinginstrumente lassen sich unter den sogenannten „4 Ps" – Product, Price, Place und Promotion – zusammenfassen. Da der finanzielle Aufwand in diesem Bereich der Marketingkonzeption am größten ist, gilt es, die absatzpolitischen Instrumente im Hinblick auf die Erreichung der Unternehmens- und Marketingziele optimal aufeinander abgestimmt einzusetzen.

Die Produktpolitik als der wichtigste Bereich des Marketing-Mix behandelt Fragen der Produktgestaltung. Hierfür bieten sich vielerlei Möglichkeiten: einerseits die Möglichkeit der körperlichen Form, etwa die Single als Werbezweck für den Longplayer, die Vorabveröffentlichung in Radio und TV, auf Video, Vinyl oder DVD; andererseits die Möglichkeit der unkörperlichen Form (Downloads). In der Produktpolitik gibt es eine enge Verbindung zur Produktentwicklungs- und Wettbewerbsstrategie.

In der Preispolitik kann die Bestimmung des Preises auf zwei verschiedene Arten erfolgen: Entweder das Unternehmen erhöht den vom Kunden wahrgenommenen Nutzen (höhere Leistung zum gleichen Preis), oder es senkt den vom Kunden wahrgenommenen Preis (gleiche Leistung zum niedrigen Preis). Die Entscheidung wird entsprechend der gewählten Marketingstrategie (Präferenz- oder Preis-Mengen-Strategie) festgelegt.

Distributionspolitik beschäftigt sich mit der Festlegung der Absatzwege (auf welchem Weg gelangt das Produkt vom Hersteller zum Kunden?), der Absatzorganisation (wie wird für den Verkauf der Kontakt zum Kunden hergestellt?) und der Absatzlogistik (wie wird das Produkt an den Kunden ausgeliefert?). Plattenabteilungen in Kaufhäusern (z. B. Karstadt) führen in ihrem Sortiment aktuelle Produktionen, Klassiker, Compilations. Großhandelsunternehmen (z. B. Media Markt, Makro Markt, Saturn etc.) bieten ein umfangreiches Angebot und können Preisdumping-Politik betreiben. Immer seltener zu finden sind Plattenläden wie reine Tonträger-Fachgeschäfte. Sie verfügen zwar über ein umfangreiches Angebot, jedoch vornehmlich über Spezialprodukte und Raritäten. Die Vorteile des Vertriebs durch Online-Händler (Amazon, JPC, 2001, Labelshops etc.) sind Vollständigkeit des Sortiments, ständige Verfügbarkeit des Angebots, Zeitersparnis beim Einkauf sowie Preisvorteil gegenüber dem Einzelhandel.

Kommunikationspolitik betrifft die Werbung (wie macht man das Produkt bekannt und welches Image schafft man?), die Verkaufsförderung (wie lässt sich der Verkauf des Produkts unmittelbar unterstützen?) und die Öffentlichkeitsarbeit (wie profiliert man das Unternehmen als Absender der Produkte und Leistungen?). Erfolgreiche Mittel hierfür bilden Künstler-Websites, Label-Websites, Marketing-Websites (z.B. Jazz Echo), E-Mail-Marketing (z.B. pure), Gewinn-Spiele/Aktionen, Give Aways (Bildschirmschoner, iTunes-Gutscheine etc.), Zusammenarbeit mit Online-

Händlern (z. B. Amazon), Suchmaschinen-Marketing/Optimierung, Crossmediale Promotion, Virales Marketing, und User Generated Content (Blogs etc.).

1.5 Ausblick und Entwicklung: Social Media

Zu einer ganzheitlichen Marketingstrategie in der heutigen vernetzten Welt gehört das Social-Media-Marketing. Unter Social Media versteht man soziale Plattformen, die zum gegenseitigen Austausch von Meinungen, Erfahrungen und nutzergenerierten Inhalten dienen. Die webbasierten Anwendungen bauen auf den Grundlagen des Web 2.0 auf und kennzeichnen die aktuelle Form des Onlinemarketings. Die Nutzung verschiedener Social-Media-Angebote fördert insbesondere die Markenbildung unter den Kunden (Brand Awareness). Dem Künstler dient das Social-Media-Marketing dazu, die Komponenten des Promotion-Mixes (Werbung, Direktvertrieb, Direktmarketing, Public Relations und Verkaufsförderung) zu koordinieren und durch kundenorientierte Kommunikation Reichweite, Glaubwürdigkeit und Unterstützung im Publikum zu steigern. Das Paradox der öffentlichen Privatheit in sozialen Netzwerken bringt auch ein neuartiges Künstlerbild hervor. Je nach Qualität des Musikproduktes, Künstlerprofil, Ressourcen und je nach Zielgruppe bieten sich verschiedenartige Kommunikationskanäle an (einschlägige Blogs, Social-Media-Plattformen wie Vimeo, Flickr, Soundcloud, aber auch Twitter, Facebook, Google+ oder Expertenforen). Die klassische Marketingkampagne entwickelt sich zurzeit über Social-Media-Relations zu einem kontinuierlich geführten Publikumsgespräch weiter. Zentral hierbei ist die Beziehungspflege insbesondere zu solchen Nutzern des Social Web, die eine hohe kommunikative Reichweite erzielen (sog. Influencer).

Die Besonderheiten des Social-Media-Marketings gegenüber dem herkömmlichen Marketing liegen u. a. in der kostengünstigen Nutzung verschiedener Social-Media-Plattformen zur Umsetzung einer Marketingkampagne und im direkten Feedback, das potenzielle Kunden des Zielmarktes liefern. Doch erwächst aus dem Anlegen von Plattformprofilen allein noch keinerlei Wettbewerbsvorteil. In der „Aufmerksamkeitsökonomie"[12] bedarf es kreativer Ideen und strategischer Planung, um Inhalte optimal und nachhaltig zu platzieren.

Grundlage für jedes Publizieren im Web 2.0 ist ein funktionierendes Beobachtungssystem für Trends und Themen im Internet. Diese Beobachtung beschränkt sich nicht auf das eigene Künstlerprofil oder ein einzelnes musikalisches Projekt, sondern berücksichtigt ebenso die Aktivitäten des relevanten Umfeldes aus Wettbewerbern, Publikum und den wichtigsten Multiplikatoren (vgl. auch Kapitel 1.2.1). Mit dem Social Web gewinnt das Monitoring mehr und mehr an Bedeutung. Denn dialogorientierte Öffentlichkeitsarbeit erfordert ein noch genaueres Hinhören auf den „Markt der Meinungen".

Für Musiker wird die Annäherung an das Thema Social Media dadurch erschwert, dass abhängig vom Musikgenre, Stil, Image etc. die notwendigen strategischen Entscheidungen völlig unterschiedlich ausfallen müssen. Darüber hinaus ist die Selbstdarstellung der Musiker im Netz von hergebrachten Klischees, falschen Vorstellungen („Das machen doch alle so!") und der klassischen Werbung („Kommt zum Konzert!") geprägt. Dies setzt sich bei der Kampagnengestaltung fort. Häufig agieren Künstler, ohne vorab die Frage nach dem „Warum?" und „Für wen?" geklärt zu haben, d. h. sie vergeuden viel Zeit damit, sich ungezielt und ungeachtet möglicher Zielgruppen auf unterschiedlichen Plattformen zu bewegen. Deren spezifischen Kommunikationsmöglichkeiten wollen ebenso beachtet wie potenzielle Kunden oder Fans als Gesprächspartner ernst genommen werden. Bisweilen werden schlichtweg Fakten übersehen − beispielsweise, dass die meisten Social-Media-Nutzer nicht im Jugendalter, sondern zwischen 35 und 45 Jahre alt sind und insbesondere Twitter eine Plattform für Leute mittleren Alters ist. Marketingressourcen sollten auch nicht unnötig verschenkt werden, etwa die Mobilisierung zur gemeinschaftlichen Projektfinanzierung in Form von Crowdfunding. Sobald sich Musiker um ein Verständnis der Mechanismen der selbstbestimmten Teilhabe bemühen, werden sie sehr schnell positive Wirkungen verzeichnen können und nicht zuletzt kostbare Zeit für ihr künstlerisches Schaffen zurückgewinnen. Daher sind alle vorher genannten strategischen Überlegungen und Instrumente auch für den Einsatz im Bereich des digitalen Kommunikationsraums/Social Media zur systematischen Anwendung empfohlen.

Zum Schluss sollen einige exemplarische Ziele, Strategien und Maßnahmen des Social-Media-Marketings angeführt werden. Ziele könnten sein, die Aufmerksamkeit für ein Musikprojekt, ein Konzert, ein Brand oder eine Musikveröffentlichung zu wecken. Durch Integration in den alltäglichen Kommunikationsstrom soll das Publikum langfristig an die Band gebunden werden. Hierfür möchte man durch persönliche Ansprache von Unterstützern traditionelle Fanclubs und internationale Communities aktivieren, die sich an der Gestaltung, Weiter- und Neuentwicklung von Produkten aktiv beteiligen können. Botschaften sollen untereinander geteilt und Nutzer angeregt werden, ihre Netzwerke für das Produkt zu aktivieren (Empfehlungsmarketing). Im strategischen Bereich kann und sollte jeder Künstler bspw. eine Wettbewerbsstrategie zur Erreichung der definierten Ziele klar ausformulieren (siehe Kapitel 3.2). Zur Verwirklichung der Ziele und Strategien könnten folgende Maßnahmen zum Einsatz kommen: Aktivitäten im Sinne des viralen Marketings ergreifen, das angesichts des Trends vom Album zum viralen Erfolg (vor allem über Youtube-Videos) mehr und mehr an Bedeutung gewinnt. Die Nutzung von Mechanismen, die die zielgruppenspezifischen Plattformen und Community-Wissen bieten. Die Nutzung der Möglichkeiten virtueller Vernetzung, etwa durch die Verknüpfung von Alltagssituationen mit Netzdiensten, um Kundenkontakte zu knüpfen oder zu intensivieren, die über einzelne Events hinaus Bestand haben und zu einer Identifikation mit dem Brand führen. Die konsequente Kennzeichnung, Kontextualisierung und optimale Verbreitung von Inhalten (Social-Media-Optimization). Schließlich das Monitoring, um jederzeit korrektiv in den Kommunikationsprozess eingreifen zu können.

Social-Media-Plattformen wirken oftmals verspielt, und gleichzeitig sind die technischen Einstiegshürden relativ niedrig, so dass Nutzer Gefahr laufen, Schnellschüsse abzugeben oder in einer unübersichtlichen Anzahl von Plattformen verloren zu gehen. Daher ist es wichtig, Klarheit über konkrete Ziele zu schaffen, Wege zu beleuchten, auf denen die gezeigten Marketingstrategien (Marktbearbeitungsstrategien, Wettbewerbsstrategien, Parzellierungsstrategien etc.) den Erfordernissen der jeweiligen Web 2.0-Tools angepasst werden können. Eine direkte Übertragung klassischer Strategien und Maßnahmen für die Verwendung von Web 2.0-Diensten führt allerdings zu keinem Erfolg. Vielmehr ist es nötig, die spezifischen Eigenschaften des Social Web zu kennen und abhängig vom Kommunikationskanal einen eigenen, fokussierten Maßnahmenkatalog zu entwickeln und konsequent umzusetzen. Grundlage dieser strategischen Vorgehensweise ist das musikalische Produkt und die klar kommunizierte Story. Nicht zuletzt bedeutet Social-Media-Marketing, dem Kunden durch Dialog auf Augenhöhe einen authentischen, transparenten Eindruck sowie das Gefühl zu vermitteln, vertrauenswürdige Information zu erhalten, und somit die Voraussetzungen dafür zu schaffen, dass sich Fans mit dem Produkt identifizieren und letztlich eine enge, nachhaltige Bindung an den Künstler und seine Aktivitäten herstellen können.

Wie im vorangegangenen Abschnitt herausgestellt wird, ist jeder marketingstrategischen Zielbestimmung, Positionierung und Maßnahmenplanung eine gründliche Analysephase vorgelagert. Sie untersucht den Musikmarkt und seine Wettbewerbskräfte.

Der folgende Abschnitt wirft einen Blick auf den deutschen Musikmarkt. Stephan Steigleder, Director Digital Media Universal Music GmbH im Bereich Classic & Jazz, vermittelt Wissen aus der Praxis des Musikgeschäfts. Mit Blick auf den Musikmarkt in Deutschland, Europa und weltweit wird der Umbruch des Marktes im Zuge der Digitalisierung skizziert.

Der Beitrag stellt praxisnah neue, aktuelle Geschäftsmodelle des digitalen Marktes vor und erörtert deren Zukunftsfähigkeit. Aspekte und Methoden der Musikvermarktung im Internet bilden den Kern des Beitrags. Er klärt diesbezüglich, um welche Komponenten sich die Produktpalette erweitert und wie die damit verbundenen Herausforderungen der vernetzten Vermarktungskanäle gemeistert werden können. Dies wird anhand des Beispiels der Formation Jazzanova und ihrer Albumveröffentlichung „Of All The Things" verdeutlicht.

2 Musikvermarktung im Internet

(Stephan Steigleder)

2.1 Die Entwicklung des digitalen Musikmarktes in Deutschland

Kaum eine andere Branche hat in den letzten zehn Jahren eine derartig grundlegende Veränderung durch die Digitalisierung erfahren wie die Musikindustrie. Nachdem zunächst in den 1990er Jahren die Chancen für den digitalen Musikvertrieb von Seiten der Musikindustrie noch weitgehend verkannt und später als zunehmende Bedrohung empfunden wurden, werden mittlerweile in den digitalen Musikmarkt große Hoffnungen gelegt und nun auch relevante Umsätze erwirtschaftet.

Obwohl in Deutschland bereits mit der Entwicklung des weltweiten Standards für Musikdownloads, MP3, am Fraunhofer Institut 1982 ein Meilenstein des digitalen Musikmarktes gesetzt ist, hat sich der digitale Musikverkauf lange Zeit sehr schwer getan und hinkt auch heute noch im internationalen Vergleich hinterher. Der Anteil am digitalen Musikgeschäft liegt in Deutschland bei ca. 20 Prozent und damit unter dem weltweiten Marktanteil digitaler Musikumsätze (siehe Abb. 1).

Dabei gab es bereits Ende der 1990er Jahre von Seiten der Deutschen Telekom unter dem generalistischen Markennamen Music On Demand (MoD) erste Ansätze, einen kostenpflichtigen Musikdownloadshop im Musikmarkt zu etablieren. Doch die Musikindustrie zögerte damals, dem Dienst attraktive Inhalte wie aktuelle Charttitel zu einem vernünftigen Preis anzubieten. Ein Album im Shop kostete damals über 40 DM und damit weit mehr als die handelsübliche CD im Laden. Zum anderen waren auch die technischen Hürden enorm, da der Download über zwei parallel geschaltete ISDN-Leitungen erfolgte und ein Albumdownload ca. 1 Stunde dauerte. Damit war der Dienst praktisch von Anfang an zum Scheitern verurteilt.

Ein größeres Interesse an Musikdownloads kam erst im Jahre 1998 durch den rasanten Erfolg der damals noch illegalen Filesharing-Plattform Napster auf, die später durch die Firma Bertelsmann übernommen und legalisiert wurde. Diese Downloadplattform besteht auch heute noch im Markt.

Durch Napster wurden die Möglichkeiten der digitalen Distribution für die Musikindustrie auf sehr schmerzhafte Weise sichtbar. Der Musikkonsument erhielt plötzlich Zugriff auf eine schier unbegrenzte Anzahl von Musikdateien, und zwar kostenlos. Die Musikindustrie versuchte sehr lange, gegen die Weiterverbreitung ihrer Musikinhalte an Dritte durch das sogenannte Digital Rights Management (DRM) anzugehen, indem Musikdateien verschlüsselt wurden und teilweise nur auf dem eigenen Rechner abspielbar waren.

Technische Inkompatibilitätsprobleme und die fehlende Akzeptanz bei den Endkonsumenten führten letztendlich zu einer sukzessiven Zurücknahme des DRM. Heute wird DRM noch im mobilen Musikdownload eingesetzt oder man behilft sich mit Wasserzeichen. Diese sind mit den digitalen Musikdateien verschlüsselt und schränken die Weitergabe nicht ein, sondern stellen sicher, dass die Ursprungsdatei und der damit verbundene Käufer identifiziert werden können.

Auf eine umfangreiche Betrachtung des illegalen Downloadbereichs muss an dieser Stelle verzichtet werden, aber aktuelle Zahlen verdeutlichen, dass die Musikindustrie trotz unterschiedlichster Aktivitäten das Problem weiterhin nur marginal eindämmen kann. So wurde beispielsweise im Jahr 2009 der erfolgreichste aller Downloadtracks, Lady Gagas „Poker Face", weltweit gerade einmal knapp 10 Millionen Mal verkauft (siehe Abb. 1). Führt man sich vor Augen, dass Lady Gagas Videos auf YouTube mehr als 1 Milliarde Mal angesehen werden, muss zwangsläufig davon ausgegangen werden, dass der Track zwar mehrere 100 Millionen Mal auf Rechnern heruntergeladen wurde, aber eben nur ein Bruchteil davon auf legale Weise.

Aus der Entwicklung des digitalen Musikmarktes in Deutschland im letzten Jahrzehnt wird deutlich, dass trotz der enormen Mediakampagnen zur Einführung des Deutsche Telekom Downloadshops Musicload (dem späteren Nachfolger von MOD) der digitale Musikmarkt erst mit dem Start von iTunes im Jahr 2004 eine größere Relevanz bekam. Die einfache Usability und das sehr attraktive Endgerät iPod (später auch iPhone und aktuell iPad) trugen zu einem sehr schnellen Erfolg und zur Marktführerschaft in Deutschland bei. Daran hat sich bis heute nichts ge-

Top 10 Digital Songs 2009

ARTIST	TITLE	SALES
Lady Gaga	Poker Face	9.8m
Black Eyed Peas	Boom Boom Pow	8.5m
Jason Mraz	I'm Yours	8.1m
Lady Gaga	Just Dance	7.7m
Black Eyed Peas	I Gotta Feeling	7.1m
Taylor Swift	Love Story	6.5m
Beyoncé	Single Ladies (Put A Ring On It)	6.1m
Soulja Boy Tell'Em	Kiss Me Thru The Phone	5.7m
Kanye West	Heartless	5.5m
Britney Spears	Circus	5.5m

Source: IFPI. Chart includes online single tracks, audio and video mastertones, ringback tones and full track downloads to mobile. Period of 12 months to November 2009. Sales are rounded. Combines all versions of the same song.

Global Digital Revenues Share

Games: 32%
Recorded music: 27%
Films: 5%
Newspapers: 4%
Magazines: 2%

Sources: IFPI, PWC Global Entertainment and Media Outlook

Abb. 1 Digitale Bestseller 2009 und weltweite Umsatzanteile des Digitalgeschäfts nach Branchen (Quelle: IFPI Report, 2010)

ändert, obwohl mit dem Downloadangebot von Amazon ab 2009 eine aus Sicht der deutschen Endkonsumenten sehr vertrauenswürdige Marke ebenfalls in den digitalen Musikverkauf eingestiegen ist.

Mittlerweile gibt es in Deutschland eine fast unüberschaubare Anzahl von digitalen Musicshops, die teilweise extreme Nischenbereiche bedienen oder von den

Labels als Direct to Consumershops (D2C) selbst betrieben werden. Hierbei verkaufen die Musiklabels ohne einen Handelspartner direkt an den Endkonsumenten. Zudem produzieren einige sogenannte Netlabels gar keine physischen Produkte und tragen somit auch zu steigenden Downloads bei. Entsprechend hat sich
im vergangenen Jahrzehnt die Anzahl der insgesamt zum Download zur Verfügung
stehenden Musiktitel mehr als verzehnfacht (siehe Abb. 2), und der Umsatz 2010
erreichte weltweit ein Volumen von 4,6 Mrd. US-Dollar.

Music's changing digital landscape	2004	2010
Licensed music services	Fewer than 60	400+
Catalogue available	1 million tracks	13 million tracks
Industry's digital revenue	US$420 million	US$4.6 billion
% of industry revenues from digital channels	2%	29%

Abb. 2 Digitale Musik – Kenngrößen 2004 und 2010 (Quelle: IFPI Report, 2011)

Dies klingt auf den ersten Blick zunächst sehr optimistisch. Leider werden die
Umsatzrückgänge des physischen Marktes nicht durch die stetig wachsenden Digi-
talumsätze aufgefangen, so dass der Markt damit insgesamt weiterhin rückläufig ist.

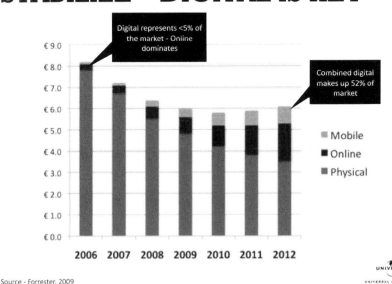

Abb. 3 Prognostizierte Entwicklung der Musikumsätze in Europa (Quelle: Forrester Research, 2009)

Trotzdem glauben Analysten wie beispielsweise das amerikanische Marktforschungsinstitut Forrester Research, das sich schon seit mehr als 15 Jahren mit dem digitalen Musikmarkt intensiv auseinandersetzt, dass bald ein Ende dieser Entwicklung erreicht sein könnte. Dies würde dann eintreffen, wenn die digitalen Anteile den physischen Anteil übersteigen und somit der Gesamtmusikmarkt wieder wachsen könnte. Im Fall von Forrester, wie in Abb. 3 zu sehen, könnte dies bereits im Jahr 2012 geschehen. Diese Prognose bezieht sich auf den europäischen Musikmarkt.

2.2 Digitale Geschäftsmodelle

Denkt man an den digitalen Musikverkauf, entstehen bei den meisten Lesern sicherlich Assoziationen zum Kauf eines Einzeltitels oder mehrerer Titel in einem Downloadshop.

Dies war in der Vergangenheit auch der herkömmliche Weg, um Musik auf legale Weise aus dem Internet zu beziehen. In der Branche wird dies auch als „à la carte" bezeichnet. Der User wählt wie im Restaurant aus einem Menü (aus). Dies entspricht im übertragenen Sinne der Auswahl eines Musikdownloads aus dem Gesamtsortiment eines Downloadshops. Dieses Geschäftsmodell aus der physischen Welt ist in den digitalen Musikverkauf übertragen worden, denn in der physischen Welt betritt ein Kunde ein Musikgeschäft (Aufruf der Website), wählt aus den Ausstellungsflächen aus (surfen im Store), nimmt die Produkte am Ende zur Kasse (hinzufügen der Produkte in den Warenkorb) und bezahlt.

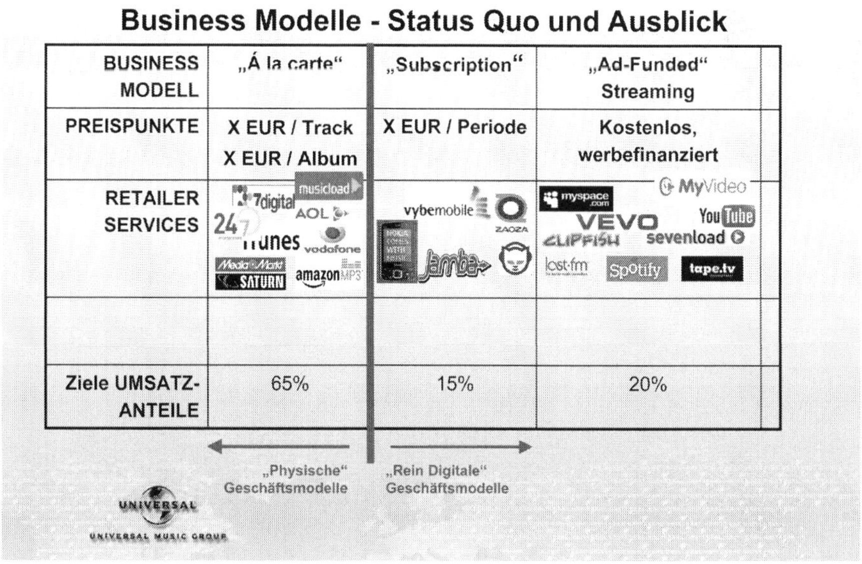

Abb. 4 Überblick Geschäftsmodelle im digitalen Musikmarkt (Quelle: Universal Music)

Im Laufe der letzten Jahre haben sich nun zwei weitere Bereiche von neuen Geschäftsmodellen entwickelt, die im Vergleich zu „*à la carte*" tatsächlich auch originär in der digitalen Welt entstanden sind und daher besondere Ausprägungen haben, die sich mit physischen Geschäftsmodellen kaum noch vergleichen lassen. Dies sind, wie in Abb. 4 zu sehen ist, zum einen die sogenannten *Subscription-Services* und zum anderen die „*Ad-Funded*" *Streaming Services*.

2.2.1   Subscription-Services

Bei den Subscription-Services handelt es sich um ein Geschäftsmodell, bei dem der User einen festen Betrag für die Nutzung eines Musikangebots für eine bestimmte Zeitperiode bezahlt. Er erhält damit nahezu unbegrenzten Zugriff auf einen Katalog, dessen Umfang abhängig von der Produkttiefe und -breite des Musikangebots des Services ist. Auch hier gibt es weitere Unterschiede, ob die heruntergeladenen Musikstücke nach Ablauf der Subskriptionsperiode weiterhin für den User nutzbar bleiben oder der Zugriff über digitale Schlüssel verhindert wird. Interessant in diesem Geschäftsmodellbereich ist eine weitere Ausprägung, bei der der User diesmal über einen Aufpreis für ein bestimmtes Endgerät (z.B. ein Mobiltelefon-Angebot „Comes with Music" von Nokia) Zugriff auf einen Musikkatalog erhält. Dies ist psychologisch gesehen und aus Marketingsicht interessant, denn der User zahlt nicht mehr direkt für eine Subskription, sondern indirekt über den Aufpreis des Endgerätes.

Im Fall des Angebots vybemobile, einer früheren Kooperation zwischen Universal Music Deutschland und E-Plus, wird die Plattenfirma auch an den Umsätzen der über den User laufenden Mobilfunknutzung beteiligt. Somit dringt die Musikindustrie in ganz neue Bereiche der Wertschöpfungskette, die bislang mit dem Kerngeschäft nie Berührungspunkte hatten. An dieser Stelle sei nur kurz erwähnt, dass dies ein klares Indiz für die dramatisch stattfindenden Veränderungen innerhalb der Musikbranche ist, indem die Plattenfirmen über sogenannte 360-Grad-Modelle an möglichst allen Bereichen der Wertschöpfungskette der Musikindustrie wie Merchandising, Ticketverkauf, Artist Management, Publishing etc. beteiligt wird.

Ein weiteres Beispiel ist Soundaccount, eine Kooperation zwischen Universal Music Deutschland und der Sparkassen Finanzgruppe, die mit mehr als 15.000 Geschäftsstellen in Deutschland über 100 Millionen Spar-, Giro- und Wertpapierkonten verwaltet. Mit Soundaccount bietet die Sparkasse insbesondere jüngeren Kunden mit der Eröffnung eines Kontos eine Reihe attraktiver Zusatzleistungen an. Hierzu zählen MP3-Gratisdownloads über die Soundaccount Musikplattform, die neben dem Shop auch Dienste wie Musik TV, News, Konzerttermine, Verlosung von Gewinnen wie Konzerttickets und Meet & Greets anbietet. Darüber hinaus erhalten die Soundaccount-Kunden einen Rabatt im Universal Music Shop Bravado auf CDs oder Merchandising-Artikel.

2.2.2   „Ad-Funded" Streaming Services

Doch kommen wir wieder zurück zu den digitalen Geschäftsmodellen, die mit „Ad-Funded" Streaming einen sehr attraktiven dritten Geschäftsmodellbereich beinhalten. Hierbei bezahlt der User für die Nutzung der Streaming-Dienste wie z.B. MyVideo gar keine Nutzungsgebühren, kann aber auch nicht die Musik herunterladen und auf seinem Rechner permanent speichern. Dagegen können aber die Inhalte jederzeit abgerufen bzw. gestreamt werden, was auch als „on demand" bezeichnet wird. Die Bezahlung der Nutzung dieser Angebote erfolgt über komplexe Abrechnungsmethoden, die auf Aufrufen, Klickzahlen und nicht zuletzt auch auf einer Aufteilung der Werbeeinnahmen durch die Einblendung von Bannerwerbung oder sogenannten Pre-Rolls (Videospots vor oder nach Videoinhalten) auf den entsprechenden Portalen beruhen.

Ein kostenloses Angebot ist für User grundsätzlich immer interessant. Vor dem Hintergrund, dass Bandbreiten immer weiter steigen werden, wird auch der Zugriff auf Audio- und Videoinhalte in einer immer besseren Qualität möglich sein. Momentan liegt die Audio-Qualität beim Download bei durchschnittlich 256 bis 320 Kbps (Kilobit per second). Bereits heutzutage bieten einige Shops sogenannte lossless-Dateien, also völlig unkomprimierte Wav- oder Aif-Dateien an. Gleichzeitig sind viele Inhalte aktuell schon über Streamingservices kostenlos und in guter Qualität abrufbar. Dieser Trend wird stark zunehmen, vielleicht werden daher auch heranwachsende Generationen gar kein Besitzverlangen mehr nach Downloads verspüren.

Zusammenfassend ist davon auszugehen, dass zukünftig die Geschäftsmodellbereiche Subscription und Streaming noch mehr Bedeutung gewinnen werden und gleichzeitig die „à la carte" Modelle an Dominanz verlieren werden.

Bedeutet dies bei so vielen Angeboten eigentlich das kommende Aus für die CD? Diese Frage steht immer wieder im Raum und ist natürlich nicht abschließend zu beurteilen. Es sei aber hierzu gesagt, dass bereits vor zehn Jahren der Tod der Vinylschallplatte vorausgesagt wurde. Dieses Medium konnte allerdings in den letzten Jahren wieder steigende Umsätze erzielen. Es ist daher absehbar, dass es noch eine lange, relativ friedliche Koexistenz von physischen Tonträgern und immer stärker wachsenden digitalen Musikangeboten geben wird.

Trotzdem stellen die weiterhin nicht einzudämmenden illegalen Downloads eine starke Bedrohung für den Musikmarkt dar. Ob tatsächlich die neuen Geschäftsmodelle im digitalen Musikmarkt greifen und der User damit vom illegalen Download zurückgehalten wird, kann sich erst in ein paar Jahren zeigen. Weitere Entwicklungen wie Hybrid TV (die Verschmelzung von TV und Internet) oder mobile Endgeräte (z. B. iPad) werden zu neuen Anwendungsmöglichkeiten und weiteren Geschäftsmodellen führen – von den Anwendungen, die heute schon in den Entwicklungsabteilungen der großen Medienunternehmen getestet werden und erst in einigen Jahren den Massenmarkt erreichen, ganz zu schweigen.

2.3   Musikvermarktung im digitalen Musikmarkt

Die beiden vorangegangenen Kapitel dienen der Einführung, um die immer komplexer werdenden Rahmenbedingungen für die Vermarktung von Musikprodukten aufzuzeigen.

Noch vor wenigen Jahren waren die Vermarktungsregeln zur Einführung eines Albums über die klassischen Medien wie Radio, TV, Print oder Außenwerbung übersichtlich und schienen nach einem gewissen Erfahrungsreichtum zu funktionieren. Aber gerade in Zeiten von Web 2.0 und Social Media explodieren die Plattformen und die damit verbundenen Möglichkeiten sowie der zeitliche Aufwand. Das Aufgabengebiet für die Musikindustrie wird zunehmend komplexer und ein Blick auf Abb. 5 verdeutlicht, dass vermutlich kein Unternehmen der Welt wirklich in der Lage ist, alle Kommunikationskanäle voll auszuschöpfen.

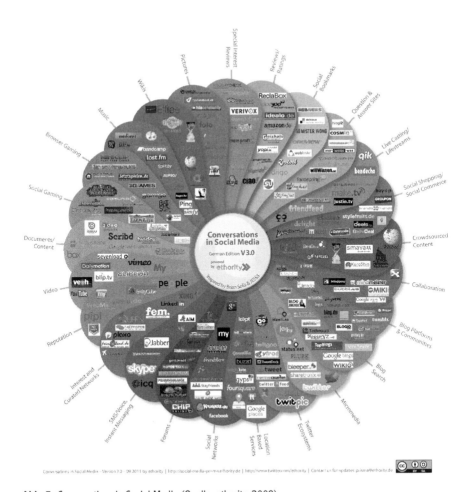

Abb. 5 Conversations in Social Media (Quelle: ethority, 2009)

Vielmehr geht es in der Vermarktung darum, mit dem zur Verfügung stehenden Budget den maximalen Output zu erreichen. Das klingt nach einer klassischen Vorgabe. Doch der Unterschied liegt darin, dass theoretisch der Output bzw. die Ziele einer Kampagne über ständig neue Kanäle erreicht werden können und dass sich damit auch die Ausrichtung der Kampagne ändern kann.

So können beispielsweise folgende Aspekte Zielgrößen darstellen: Reichweite und Sichtbarkeit eines Produkts im Markt, die Auseinandersetzung mit dem Produkt, Aufrufe von Videos oder Galeriebildern, die Gewinnung von neuen Newsletter-Subscribern, neuen Freunden auf Facebook, MySpace oder MeinVZ, Followern bei Twitter oder eben Abverkäufe über bestimmte Shops. Allein diese kurze Auflistung zeigt, dass mit einer Kampagne sehr unterschiedliche Ziele verfolgt werden können und der Messbarkeit der Maßnahmen eine immer größere Bedeutung zukommt.

2.3.1 Integrierte Kommunikation als Instrument für die Vermarktung

Das digitale Musikgeschäft hat auch zu einer stetigen *Erweiterung der Produktpalette* geführt. Sprach man in der Musikbranche vor ein paar Jahren von einem sogenannten „Releasedate", war damit in der Regel eine Single, ein Video oder eine Albumveröffentlichung gemeint. Dies hat auch heute noch Bestand, nur mit dem fundamentalen Unterschied, dass der digitale Musikmarkt auch in die Produktgestaltung eingreift. Damit sind die vielen verschiedenen Produkterweiterungen gemeint wie z.B. mobile Inhalte (Klingeltöne, Wallpaper etc.), digitale Bonustracks, eVideos, digitale Booklets und vieles mehr. In der Regel werden heute für be-

Beispiele Sonder-Konfigurationen

Rammstein Vingle „Ich Will"

Scissor Sisters Deluxe Album „Ta-Dah" mit Video und Digital Booklet als Bonus-Material

Reamonn Single „The Only Ones" mit Bonus Interview Track (nicht einzeln kaufbar)

Top Kidz Mini-Album

Jack Johnson „In Between Dreams" eSnippet Album Medley als Free Download bei Musicload

Tina Dico „Warm Sand" Single mit Album eSnippet als Bunus Track

Abb. 6 Beispiele von Sonderkonfigurationen (Quelle: Universal Music)

stimmte Businesspartner unterschiedliche Produkte mit verschiedenen Ausprägungen angelegt. Diese sogenannten Exklusivversionen sind einerseits für Geschäftspartner wie Downloadshops ein wichtiges Instrument, um ihren Kunden besondere Produkte anbieten zu können. Andererseits sind sie in der Regel für wichtige Veröffentlichungen der Plattenfirmen ein Hilfsmittel, um besonders relevante Vermarktungsplätze des Businesspartners zu belegen (z.B. Startseiten oder Newsletterplatzierungen).

Die Produktkonfigurationen sind aber nicht immer ausreichend, um die relevanten Zielgruppen im digitalen Musikmarkt zu erreichen. Vielmehr geht es in der Vermarktung um eine ganzheitliche Inszenierung des Produktes, das über alle Medien mit einer klaren Kernbotschaft und einer überzeugenden Corporate Identity transportiert werden muss. Diese integrierte Kommunikation erfordert einerseits eine sehr genaue Planung und Abstimmung der einzelnen Instrumente untereinander. Ebenso ist eine Verzahnung mit den klassischen Medien essenziell, die früher ausschließlich der Vermarktung des Produktes dienten und heute eher als Reichweitenmodule eingesetzt werden. Eine viel höhere Ausprägung der Kommunikation mit den Zielgruppen wird über die Websites der Künstler, Foren, Blogs oder in den Social Communities erreicht.

2.3.2   Beispiel aus dem Bereich Classics & Jazz von Universal Music

Im Laufe eines Kalenderjahres werden alleine im Bereich der Division Classics und Jazz von Universal Music mehrere hundert Produkte veröffentlicht. Nicht alle von diesen sind Neuveröffentlichungen, ein variierender Anteil entfällt dabei auf den Katalogbereich. Dieser umfasst Aufnahmen, die vor mindestens mehr als 18 Monaten bereits veröffentlicht wurden, oder zum Teil auch historische Aufnahmen, die bis dahin unveröffentlicht waren. Allein diese Tatsache verdeutlicht, dass außergewöhnlich aufwendige Kampagnen nicht nur aus finanziellen, sondern auch aus zeitlichen Gesichtspunkten nur bei einem kleinen Anteil der jährlichen Releases Anwendung finden können.

Das folgende Beispiel der Albumveröffentlichung „Of All The Things" der Berliner Band/DJ-Kollektivs Jazzanova im Herbst 2008 soll die Wirkungsmechanismen vernetzter Kampagnen exemplarisch aufzeigen.

Jazzanova hatten zuvor selber erfolgreich mit ihrem Independent-Label Sonar Kollektiv sowohl ihre eigene Musik als auch die anderer Künstler in verschiedenen Genrebereichen veröffentlicht. Mit dem ersten Release der Formation auf dem traditionsreichen Label Verve formulieren Jazzanova ein klares Ziel, welches sich gemäß den Ausführungen im ersten Kapitel dieses Buches marketingstrategisch mit der Parzellierungsstrategie charakterisieren lässt. Die Band strebt eine partiale Marktabdeckung durch das gezielte Ausrichten auf eine vorab definierte Zielgruppe an. Um diese Zielgruppe zu erreichen und sich von der Konkurrenz im Marktsegment abzugrenzen (vgl. Kapitel 4), positionieren sich Jazzanova neu.

Im Zusammenhang mit dem Release der Single und des Albums kamen eine Vielzahl von Online-/Digitalmaßnahmen zum Tragen wie beispielsweise:

▶ *Newslettermarketing* über die Subscriberpools von Universal Music JazzEcho, Pure, Urban und den internationalen Verteiler von Sonar Kollektiv,

▶ *besondere Platzierungen/Features bei digitalen Businesspartnern* in Newslettern und auf Startseiten – u. a. wurde für iTunes ein Exklusivtrack zur Verfügung gestellt,

▶ *Banner-Kampagne* auf verschiedenen Umfeldern mit integriertem Videocontent und Gewinnspiel,

▶ weitere *Online-Gewinnspiel-Maßnahmen*, u. a. für die Album Pre-Release Party im Verve Club (Jazzeventserie von Universal Music) mit Meet & Greet,

▶ *MySpace Prelistening-Special* – die User konnten bereits eine Woche vor der Veröffentlichung das Album vollständig vorhören,

▶ *Social Bookmark Special* mit Mr. Wong, wo Jazzanova ihre Lieblingswebsites vorstellten,

▶ *Redaktionelle Online-Platzierungen* von Hochkulturumfeldern wie Zeit Online bis hin zu Clubkulturmagazinen wie Groove Magazin,

▶ *Postings in Blogs und Newsforen,*

▶ *YouTube Videopremiere,*

▶ *Freigabe der Originalspuren* der zweiten Single „I Can See" zum *Download* für Fans im Rahmen eines *Remix Contests.*

Die wichtigsten Maßnahmen werden im Folgenden im Hinblick auf den im ersten Kapitel beschriebenen Marketing-Mix erläutert.

Der eigentliche Fokus der Onlinekampagne lag auf den Aktivitäten der zweiten Single „I Can See". Jazzanova, die zuvor durch ihre innovativen Remixes international bekannt geworden waren, konnten davon überzeugt werden, die Single für einen *Remix Contest* ihrer Fans freizugeben. Dazu sollten die Originalspuren des Titels den Fans zum Download zur Verfügung gestellt werden. Die Strategiemaßnahme des Contests ist beispielhaft für eine gelungene Kommunikationspolitik im Marketing-Mix.

Der Erfolg des Wettbewerbs sollte durch die Auswahl geeigneter Partner mit einer möglichst hohen Affinität zum Produkt und der Zielgruppe, sowie einer bestmöglichen Reichweite erzielt werden.

Mit der gerade zu diesem Zeitpunkt von der Beta-Version in den regulären Betrieb wechselnden Plattform *SoundCloud*, einer Social Community für Musiker und ihre Fans, wurde schnell der richtige Partner gefunden. Eric Wahlforrs, einer der beiden Gründer von *SoundCloud*, hatte ein paar Jahre zuvor bei Jazzanovas Label Sonar Kollektiv selbst ein Album veröffentlicht und war dementsprechend begeistert, mit seinem befreundeten Label eine der ersten großen Online-Marketing-Aktivitäten auf der noch jungen Plattform umzusetzen.

Gleichzeitig konnte aus dem Musiker-/Produzentenumfeld mit dem Softwareanbieter *Ableton* ein weiterer Partner für den Remix Contest gefunden werden, der mit der gerade aktuell auf den Markt kommenden neuen Softwareversion des

Produktes „Live" einen attraktiven Gewinn zur Verfügung stellt. Darüber hinaus wurde das Event über den firmeneigenen weltweiten Adresspool und auf diversen Onlinekanälen mit Medialeistung promotet.

Da Jazzanova über die Jahre eine weltweite Fangemeinde erworben hat und möglichst viele Fans für den Remix-Wettbewerb aktiviert werden sollten, wurde recht schnell die Entscheidung getroffen, den Contest in englischer Sprache zu kommunizieren. Als Hauptgewinn sollte der Sieger des Remix Contest eine Veröffentlichung des Titels auf Jazzanovas Label Sonar Kollektiv erhalten – für jeden Fan der Formation ein extrem hoher Anreiz teilzunehmen!

Um für die Maßnahmen einen optischen Rahmen zu finden, wurde aus dem Albumcover eine neue Corporate Identity für den Remix Contest entwickelt (Abb. 7).

Abb. 7 Albumcover und Teaser für den Remix Contest von Jazzanova (Quelle: Universal Music)

Zunächst wurden die Fans über verschiedene Kanäle zur Teilnahme am Contest aufgerufen. Hierzu wurde der Wettbewerb in die Kommunikation der oben genannten Maßnahmen integriert, darüber hinaus wurden weitere Aktivitäten speziell auf den Wettbewerb ausgerichtet. Dazu zählten u. a. Sonder-Newsletter, individuelle Banner- und Teaserschaltungen, Blog- und Forenbeiträge sowie die Medialeistungen der Partner. Die Teilnehmer mussten sich zunächst auf einer eigens entwickelten „Landingpage" (Abb. 8), einer Website mit Sonderfunktionalitäten für den Remix Contest und gleichzeitig bei SoundCloud registrieren. Diese Seite diente neben SoundCloud auch als zentrales Informationstool, da hier tagesaktuell neue Remix-Beiträge vorgestellt wurden.

Im Teilnahmeformular wurde auch eine Möglichkeit angeboten, den Jazzanova Newsletter zu bestellen. Durch diese integrierte Dialogmarketingmaßnahme konnten mehrere hundert neue Newsletteradressen für Jazzanova gewonnen werden.

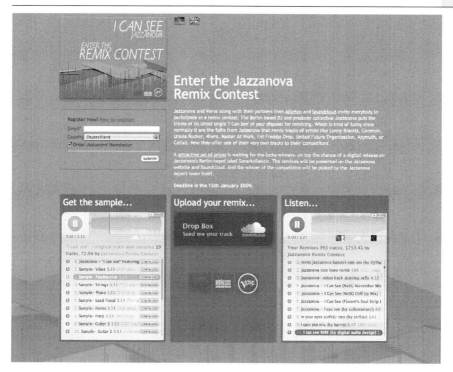

Abb. 8 Zentrale Landingpage des Jazzanova Remix Contest (Quelle: Universal Music)

Nach der Registrierung erhielten die Teilnehmer Zugriff auf die einzelnen Spuren, also die einzelnen Instrumente und Vocals des Titels. Jeder Teilnehmer konnte dann später den produzierten Remix in SoundCloud hochladen. Andere Nutzer konnten Passagen oder den gesamten Remix kommentieren. Ein besonderer Moment im Laufe des Wettbewerbs trat ein, als Jazzanova dann selbst einzelne hochgeladene Remixes in SoundCloud kommentierten. Diese offensichtliche Auseinandersetzung der Künstler mit den eingereichten Remixen führte zu einer Welle positiver Reaktionen, die weit über die Plattform hinaus in weltweite Blogs und Foren ausstrahlte.

Die über 400 Einreichungen übertrafen die Erwartungen der Künstler und des Labels. Da die Produktion eines Musiktitels eine intensive Auseinandersetzung mit dem Künstler erfordert, hatten alle Beteiligten mit weniger Resonanz gerechnet. Am Ende wurde der Wettbewerb sogar um einen Monat verlängert. Die Nacht vor dem Einsendeschluss war mit einem Diplomabgabetermin zu vergleichen – Hunderte von Fans mussten wohl über Wochen auf diesen Zieltermin hingearbeitet haben, denn kurz vor Abgabeschluss wurden noch entsprechend viele Remixes online gestellt. Auch Tage nach Ablauf der Frist kamen nachträgliche Anfragen, ob es nicht doch noch möglich sei, den eigenen Remix einzustellen. Mit dem Ende des Wettbewerbs war die Kommunikation noch lange nicht abgeschlossen, denn nun erfolgte eine Bewertung der Remixes auf SoundCloud unter den Teilnehmern und Usern, die den Remix Contest verfolgt hatten. Zudem stellten viele der Teilnehmer ihren Remix auf die eigenen MySpace- und Facebook-Profile, so dass die virale Verbreitung mit Ende des Contests eigentlich noch weiter zunahm. Nicht nur die Anzahl der Einreichungen überraschte, sondern auch der Qualitätslevel. Jazzanova entschlossen sich letztendlich, nicht nur einen Remix, sondern sogar drei Titel zu prämieren, die dann ein paar Wochen später als digitales Downloadprodukt auf dem Label Sonar Kollektiv veröffentlicht wurden. Die Ergebnisse des Remix Contest im Überblick:

▶ Mehr als 400 Remix Contest Teilnehmer,
▶ mehrere Tausende Downloads der einzelnen Trackspuren von SoundCloud,
▶ intensive Auseinandersetzung mit dem Produkt und hohe Multiplikatorfunktion,
▶ weltweite Präsenz in Foren, Blogs und affinen Websites,
▶ Vehikel zur ständigen Promotion des Albums, von DJ Gigs und der anstehenden Tour,
▶ Blue Print für Aktionen mit anderen Künstlern.

Zusammengefasst kann der Remix Contest von Jazzanova als voller Erfolg gewertet werden und soll als Beispiel einer Vielzahl von integrierten Kampagnen stehen, die im Laufe der letzten Jahre realisiert wurden. Wichtig ist, zu beachten, dass die Glaubwürdigkeit neben dem Timing der Aktivitäten einen hohen Faktor für den Erfolg bildet. Letztendlich ist die Einbeziehung der Künstler der vielleicht wichtigste Erfolgsfaktor von Social-Web-Aktivitäten, denn nichts wird von den Fans heutzutage schneller enttarnt als fingierte Marketingaktionen, die nur dem reinen Abverkauf dienen. Wer im Web 2.0 Maßnahmen umsetzt, sollte bestimmte Spielregeln beherzigen, also kritikfähig sein, Risiken eingehen können, die Reaktionen der Fans annehmen und kooperativ agieren. Werden diese Grundregeln beachtet, kann – im Gegenzug – mit einer sehr glaubwürdigen und positiven Kommunikation über das eigene Produkt und der Marke gerechnet werden.

Das theoretische Gerüst zum Verständnis des strategischen Musikmarketings im Internet wird im folgenden Abschnitt von Prof. Dr. Martin Grothe im Hinblick auf Social Media dargestellt.

Dieser Abschnitt erläutert, wie im strategischen Marketing Social Media zur Zielgruppenanalyse genutzt werden kann. Es wird hervorgehoben, dass eine Auseinandersetzung mit Social Media systematisch erfolgen muss. Dazu werden innovative Verfahren der Social-Media-Analyse herangezogen.

Die Relevanz des Beitrages in diesem Band ergibt sich nicht zuletzt aus der zunehmenden Bedeutung von Social-Media-Aktivitäten und dem darin angelegten Dialog zwischen Musikern und ihren Fans.

3   Social Media: Zielgruppenanalyse im Internet
(Martin Grothe)

Spätestens seit 2011 steht der Befund fest: Social Media ist da, nimmt zu und beeinflusst. Deshalb müssen sich die Musikbranche und die einzelnen Akteure, also etwa Musiker, diesem Thema widmen. Es gilt, das digitale Neuland nachhaltiger als mittels einzelner Kampagnen aufzunehmen bzw. zu nutzen. Um hierbei unnötige Risiken zu vermeiden und nicht nur zufällige Erfolge zu erzielen, werden Social-Media-Analyse und -Monitoring immer wichtiger. Mit diesem Beitrag soll deutlich gemacht werden, welche Lösungsbeiträge damit erreicht werden können.

Dies scheint nötig, weil zumeist Unsicherheit im richtigen Umgang mit Social Media die Situation nach der Entdeckungsphase prägt. So erreichen jeden Nutzer ungezählte Signale aus der Sphäre der Blogs, Foren, sozialen Netzwerke und Tweets, bei denen es sich lohnen könnte, diese zu verfolgen. Die Reaktionsmuster auf diese medialen „Versuchungen" sind jedoch noch nicht erlernt (und damit Verhaltensroutine): Manche wenden sich entnervt ab, einige begrenzen ihr Sichtfeld auf nur wenige Ausschnitte (aktuelle Spitzenreiter sind Twitter und Facebook), andere versuchen das Unmögliche, nämlich alle Kanäle ohne systematischen Ansatz zu beachten. Viele wiederum schwanken zwischen diesen Verhaltens- und Vorgehensweisen, so dass sich Ruhe und daraus erwachsende, fundierte (Handlungs-) Strategien kaum einstellen. Unsicherheit ist jedoch für derartige Entdeckungsphasen nicht untypisch: Nachhaltige Zielformulierungen, belastbare Einschätzungen, klare Erwartungen und Prozesse benötigen eine „Einschwingphase", in der sich die nötigen medialen Nutzungsfähigkeiten ausbilden. Der Weg, um solche Fähigkeiten aufzubauen, liegt zunächst in der strukturierten, methodisch korrekten Analyse des digitalen Geschehens. Systematisch können dann Schwerpunkte erkannt und damit die Grundlagen für eigene Aktivitäten gelegt werden. Dies ist das Aufgabenfeld der Analytik. Prägnant lässt sich formulieren, dass

- ▶ eine Social-Media-Analyse zu Beginn der eigenen, systematischen Auseinandersetzung mit der aktuellen Social-Media-Dialogrevolution stehen sollte,
- ▶ ein kontinuierliches Social-Media-Monitoring im weiteren Verlauf die regelmäßige Auf- und Teilnahme begleiten sollte.

3.1   Nie ohne Ziel analysieren!

Durch das analytische Erkennen der relevanten Themen, Fragen und Ansprüche des Publikums wird die eigene Fähigkeit verbessert, dessen Aufmerksamkeit – online oder offline – zu erreichen und mit passenden Aktivitäten oder Beiträgen zusätzliche Pluspunkte für die eigene Musik zu sammeln. Im Ergebnis soll letztlich der direkte oder indirekte Dialog mit den Hörern erreicht werden, um eine weitere Aktivierung zu erreichen.

Mit diesem Anspruch wird deutlich, dass eine reine Sammlung von nutzergenerierten Beiträgen zur eigenen Kunst auf Blogs, Foren, Bewertungsportalen etc. zu kurz greift. Durch eine solche Eingrenzung entsteht ein Scheuklappenblick, mit dem der deutlich größere Bereich des eigentlichen Publikumsinteresses ausgeblendet wird. Ohne Eingrenzung werden jedoch ganz neue Zielebenen erreichbar:

- ▶ So kann eine Social-Media-Analyse durch das hypothesenfreie „Zuhören" einen Einblick verschaffen, den andere Marktforschungsmethoden nur mit sehr großem Aufwand erreichen können.
- ▶ Zudem bieten sich direkte Möglichkeiten, aus Analyseergebnissen, etwa den identifizierten Top-Quellen einer Fangemeinde, unmittelbar in konkreten Dialog überzugehen. Folglich wird die eigene Gestaltungskraft durch Social-Media-Analysen deutlich in ihrer Treffsicherheit gesteigert und erzielt, unter Umständen, weiträumige Resonanz.

Gleichwohl ersetzen die Ergebnisse einer Social-Media-Analyse nicht die klassische Marktforschung. Sie zeigen vielmehr, in welchem Spektrum (von Lob bis hin zu Tadel) über einen Musiker oder eine Gruppe gesprochen und mit welchen Informationen das interessierte Publikum konfrontiert wird. Sie machen somit transparent, wie viel eigene Deutungsmacht einem Künstler noch über seinen Erfolg verblieben ist und welche Ansatzpunkte zur zielgerichteten Beteiligung / Steuerung aufgegriffen werden können.

3.2 Analyse-Varianten: Fokus, Monitor, Sonar

Da die Zielsetzungen und Fragestellungen vielfältig sind, sollten unterschiedliche Ausprägungen der Social-Media-Analyse zum Einsatz kommen. Drei Grundtypen spannen dabei das gesamte Spektrum auf.

3.2.1 Fokus: Das Publikum in den Mittelpunkt stellen

Unter einer Fokus-Analyse ist eine umfassende „Nullmessung" (auch Status quo-, Vertiefungs- oder Initial-Analyse genannt) etwa zu einer bestimmten Fangruppe zu verstehen. Eine solche Analyse steht häufig am Beginn eines systematischen Social-Media-Entdeckungsprozesses. Es wird eine Momentaufnahme von nutzergenerierten Beiträgen zu bestimmten Musikstilen, Künstlern, Fangruppen und Subkulturen durchgeführt. Neben einer quantitativen Aufstellung wird das Feld qualitativ aufbereitet. Hiermit können beispielsweise folgende Fragestellungen beantwortet werden:

▶ Welche Themen werden im Social Web wie diskutiert? Was ist wichtig?
▶ Lassen sich Publikum und besondere Kenner identifizieren?
▶ Warum entscheiden sich Zuhörer für ein bestimmtes Angebot?
▶ Wie werden Künstler, Bands und Musikstile bewertet?

Es gilt somit, die inhaltlich-thematische Landkarte der eigenen Zuhörerschaft im Social Web besser zu verstehen, um diese in der Folge effizienter zu erreichen. Zudem sollte der Status des Künstlers oder Akteurs im Social Web erschlossen und die Frage beantwortet werden, ob und in welchen Kontexten er oder sie in den Beiträgen des Publikums präsent ist. Die identifizierten Fragen und Beiträge in sozialen Netzwerken, Blogs und Foren liefern somit Einschätzungen und Deutungen zu eigenen oder dritten Angeboten durch und für die Fangemeinde. Dieser verteilten Relevanzarena kommt eine große Aussagekraft zu. Durch Fokus-Analysen werden das Publikum, seine Themen und das Fremdbild erschlossen. Aus diesen Fragmenten werden letztlich Profil und Entscheidungswege der Zuhörer zusammengefügt. Damit können Ansatzpunkte für den Dialog herauskristallisiert werden. Der Künstler gewinnt dadurch Deutungsmacht zurück.

Als Ergebnis können somit zwischen der Ist- und Ziel-Positionierung auf den Tummelplätzen der Fans Verbindungen skizziert werden. Bereits existente Stimmen innerhalb des Publikums können anschlussfähige Hebel bieten.

Da die Entscheidungswege der Zuhörer relativ stabil sind, müssen sie nicht in kurzen Abständen wiederholt überprüft werden. Es genügt, solche Aspekte, die sich nicht fortwährend ändern, wie z. B. Grundmeinungen oder gewichtige Top-Quellen, initial belastbar zu erschließen und dann in größeren regelmäßigen Abständen (z. B. einmal im Jahr) zu verifizieren.

3.2.2 Monitor: Die Entwicklungen im Zusammenhang mit dem Künstler verfolgen

Für Aspekte, die sich schneller ändern oder fortschreiben, wie z.B. Erfahrungs-berichte zu Konzerten oder Veröffentlichungen, sollte ein regelmäßiger Monitor strukturiert Impulse aufnehmen und damit begleitendes Agieren erlauben. Der Schwerpunkt liegt somit auf der Entwicklung von Themen im zeitlichen Verlauf. Häufige Analyse-Module sind:

▶ Auswertung der Informationssuche und der Diskussionsthemen der Fange-meinde
▶ Aufbau von Themenkarrieren, Aufzeichnung von Veränderungen/Trends
▶ Identifikation und Verdichtung von Aussagen über einen Künstler
▶ Analyse des Verhaltens von Top-Akteuren und weiteren Quellen

Ein Monitor umfasst somit die regelmäßige Aufnahme und Darstellung der ak-tuellen Entwicklung zu bestimmten Musikstilen, Künstlern und Fangruppen im Social Web. Er schließt sich sinnvoll an eine initiale Fokus-Analyse an und kann durch ein strukturiertes Reporting-Format wesentlich dazu beitragen, eine Kopp-lung an bestehende Formate zu erreichen. So wird mit einem kontinuierlichen Monitor auch die Wirkung der eigenen Maßnahmen und Kampagnen aufgenom-men. Hierbei sollte die Anzahl der Beiträge nicht das alleinige Kriterium sein. Viel-mehr sollten die (relativen) Veränderungen quantitativ und qualitativ dargestellt werden. Das Erkennen der Positions- und Präferenzentwicklung steht im Mittel-punkt. Durch den Aufbau von Zeitreihen in Bezug auf quantitative oder qualitati-ve Größen werden zudem Entwicklungslinien und Wirkungseffekte transparent.

Es gelingt damit, den Kontrollverlust zu begrenzen: So müssen Musiker schmerz-lich akzeptieren, dass ihre Fähigkeit zum Agenda Setting begrenzt ist. Durch einen regelmäßigen Monitor werden jedoch Entwicklungslinien und Trends aufgenom-men sowie neue Themen besser einschätzbar.

3.2.3 Sonar: Frühe Signale für den Künstler nutzen

Fans hören auch sehr direkt zu: Ein Sonar zielt auf die frühzeitige Entdeckung von besonders relevanten Beiträgen und Entwicklungen im Kontext des Musikers/der Gruppe ab: Dies können potenziell bedrohliche Aspekte, aber auch positive Möglichkeiten zum Dialogaufbau, zum „Einhaken" sein. Die Stimmen zur eige-nen Musik und zu „konkurrierenden" Künstlern im Social-Media-Raum werden systematisch aufgenommen. Die Ergebnisse werden übersichtlich aufbereitet, die Verwendbarkeit wird deutlich gesteigert, wenn Beiträge zu Issues verdichtet und mit Handlungsempfehlungen versehen sowie nach zuvor definierten Eskalations-stufen kategorisiert werden. Die (Re-)Aktionsmöglichkeiten steigen auf diese Weise zeitlich und inhaltlich.

Mit einem Social-Media-Sonar gelingt es folglich, die Vergeltungsmacht des digitalen Publikums zu begrenzen. Allerdings sollten Musiker sehr schnell reagieren, wenn sich mehr als vereinzelte kritische Beiträge oder gar Aktionen gegen die eigene Kunst richten oder aber positive Gelegenheiten zur Dialogverstärkung auftun. Mit einem eng getakteten Sonar werden relevante Vorgänge aufgenommen, klassifiziert, bewertet und mit Handlungsempfehlungen versehen. Analyserichtung ist die eigene Musik und ihre Online-Reputation. Die Vergeltungsmacht wird in ihrer potenziellen Wirkung relativiert. Grundsätzlich werden somit für alle Varianten die gleichen analytischen Bausteine eingesetzt. Die Analysezwecke und die folgenden Verdichtungs- und Interpretationsrichtungen sind jedoch verschieden ausgeprägt. In der Zusammenstellung in Abb. 1 wird deutlich, dass diese Varianten das Feld aus Frequenz und Umfang gut abdecken:

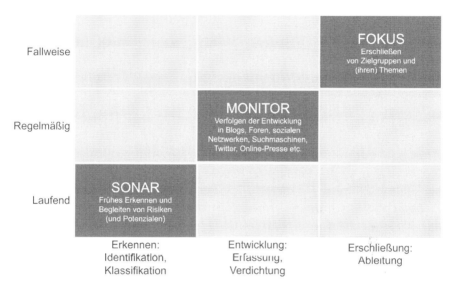

Abb. 1: Unterschiedliche Analyse-Varianten

Als Empfehlung lässt sich festhalten, dass zu Beginn einer Analyse immer sehr klar sein sollte, welche Analyse-Sicht, d.h. welche Ableitungen und Ergebnisse, angestrebt werden.

3.3   Grundbausteine einer Social-Media-Analyse

Die Analyse der nutzergenerierten Inhalte umfasst als Standard die quantitative Darstellung in Form von Diagrammen (z.B. Trendpuls oder Volumenvergleiche), Themen- und Quellenrankings sowie häufig auch die qualitative Aufbereitung der Ergebnisse in Form von Argumentbilanzen, Entscheidungsprozessen oder Kriterienbäumen. Die Aussagen und Ableitungen werden zumeist mit Beispielen und Zitaten illustriert. Die folgenden Analysebausteine bieten tiefere Einblicke.

3.3.1   Top-Quellen und Meinungsführer: Wer?

Die identifizierten Quellen können nach der Anzahl der gefundenen Beiträge aufgelistet werden, wodurch sich die für das Thema relevantesten Quellen herauskristallisieren. Dies geschieht etwa anhand der Auffindbarkeit in Suchmaschinen, extrapolierter Leserschaften, Aktualität und Quantität der Beiträge. Ebenso lassen sich Multiplikatoren und Meinungsführer entdecken. Profile von Top-Quellen werden oft als Steckbriefe dargestellt. Folgende Leitfragen sind dabei hilfreich:

▶ Wo „tummelt" sich die Fangemeinde? Wer macht Meinung?
▶ Wie ist die eigene Musik bereits auf den „Tummelplätzen" vertreten?

Hier soll sehr eindringlich empfohlen werden, sich bei der Suche nach wichtigen Quellen des Publikums nicht zu schnell, etwa auf Facebook zu beschränken. Es zeigt sich, dass es über die populären sozialen Netzwerke hinaus einen ganzen Kosmos an interessanten Foren, Blogs und Portalen gibt, die für Fans eine sehr hohe Attraktivität haben. In vielen Fällen ist es so, dass gehaltvolle und thematisch fokussierte Diskussionen eher in Foren als in sozialen Netzwerken stattfinden. Die Anzahl der Follower einer Fanpage ist für die inhaltliche Analyse zudem weit weniger aussagekräftig als facettenreiche Threads in Blogs oder Foren.

3.3.2   Themen des Publikums: Was?

Semantische Themennetze ermöglichen das Erschließen der diskutierten Themen, ohne dass tausende Beiträge einzeln gelesen werden müssen. Durch einen Abgleich der Themenspektren der identifizierten Publikumsbeiträge mit dem linguistischen Referenzkorpus der deutschen Sprache werden die überproportional häufig vertretenen Themen und ihre Kontexte identifiziert. Leitfragen der inhaltlichen Analyse sind dabei:

▶ Welche direkten und indirekten Themen beschäftigen die Fans?
▶ Welche Aspekte nehmen zu, welche ab?
▶ Gibt es Überraschungen oder frühe Signale?

Die signifikanten Begriffe können gemäß ihrem anteilsmäßigen Gewicht als Ranking, wie in Abb. 2 illustriert, oder im Rahmen ihrer Verflechtung als Netzwerk dargestellt werden.

Aus der konkreten Zielsetzung einer Analyse ergeben sich die Begriffe, zu denen die einzelnen Beiträge näher untersucht werden. Der entscheidende Punkt liegt darin, dass durch die semantische Analyse das Themenspektrum ohne vorherige Nomenklatur-Festlegung erschlossen wird. Es wird im übertragenen Sinn tatsächlich zugehört. Somit wird hypothesenfrei auch Unerwartetes gefunden.

Nr.	Begriff	Vorkommen
1	Ausbildung	1665
2	gutefrage.net	1341
3	kaufmännisch	377
4	Abitur	297
5	Anschreiben	261
6	Vorstellungsgespräch	260
7	Industriekauffrau/-mann	255
8	Ausbildungsbetrieb	251
9	Mechatroniker	242
10	BAföG	233
11	Bachelor	231
12	Diplom	226
13	Duales Studium	213
14	Gehalt	208
15	BWL	199
16	Wirtschaftsingenieurwesen	199
17	Studienwahl	195
18	Weiterbildung	195
19	Studienabbrecher	195
20	Auslandsstudium	190

Abb. 2: Top-Themen im Personalmarketing-Fachdialog (complexium-Studie)

In der redaktionellen Bearbeitung werden in den semantischen Themennetzen unterschiedliche Cluster zusammengeführt und kenntlich gemacht. Die Nähe einzelner Themen kann als Indikator für die inhaltliche Verbundenheit in der Fandiskussion verstanden werden.

3.3.3 Tonalitäten: Wie?

Eine reine Artikelanzahl sagt noch nichts darüber aus, ob das Publikum ein Thema positiv oder negativ bewertet. Dies leistet die Tonalitätsanalyse. Durch computerlinguistische Methoden und idealerweise ergänzende redaktionelle Sichtung werden systematisch positive und negative Aussagen herausgefiltert. In einer Argumentenbilanz oder Positionierungsmatrix wird deutlich, wie ein Musiker oder eine Band im Verhältnis zum Wettbewerb verortet ist.

In der aktuellen Diskussion wird in Verbindung mit der Tonalitätsbestimmung häufig der Einwurf gemacht, dass Ironie maschinell nicht entsprechend erfasst werden kann. Dies ist natürlich korrekt, allerdings zeigt sich, dass zum einen auch Menschen hier nicht immer trittfest sind, zum anderen in den meisten relevanten Threads eher pragmatisch direkt formuliert wird und die entstehende Unschärfe durchaus akzeptiert werden kann.

So sei auch hier empfohlen, die Tonalitätsbestimmung nicht zu akribisch anzugehen. Interessant sind sicher plötzliche Verschiebungen der jeweiligen Anteile. Handlungsgerichteter aber ist die konkrete Aufnahme der jeweiligen Argumente. Was wird positiv oder negativ gesehen? So liefert eine mit Zitaten unterlegte Gegenüberstellung von (gewichtetem) Lob und Tadel eine sehr profunde Argumentenbilanz.

3.4   Ableitungen: Beispiel Entscheidungsprozess

Aus den partiellen Perspektiven der analytischen Grundbausteine werden die Ergebnisse und Empfehlungen der Social-Media-Analyse generiert. Dies kann

▶ die Bewertung der Resonanz auf eine Veröffentlichung/Veranstaltung,
▶ die Identifikation einer Musik- oder Künstlerpositionierung,
▶ die Ableitung einer Wettbewerbsstrategie oder
▶ der Aufbau eines publikumsspezifischen Entscheidungsprozesses

sein, der eine Struktur für konkrete Maßnahmen bietet. So kann für den Beginn der eigenen Erschließung des Social Webs hier die Analyse des jeweiligen Publikums empfohlen werden. Nach einer grundlegenden Kategorisierung und Gegenüberstellung typischer Fragen, Erfahrungen, Empfehlungen und Argumente der Zuhörerschaft betreffen die Ableitungen in diesem Bereich häufig folgende Leitfragen:

▶ Wie sieht der Entscheidungsprozess aus? Welche Fragen und Themen hat das Publikum in welcher Stufe?
▶ Welche Anknüpfungspunkte mit den Hörern lassen sich identifizieren? Wo können Brücken zum eigenen Angebot geschaffen werden?

Damit gelingt als plastischer Orientierungsrahmen die „Rekonstruktion des Entscheidungsprozesses" mit Motivationen, Problemen und Wünschen des Publikums. Durch diesen strukturierten Prozess werden teilweise sehr differenzierte Ansatzpunkte für die eigene Kommunikation erschlossen, die damit deutlich fangruppenaffiner sind als klassische Sendekampagnen.

Die Abb. 3 zeigt ein Beispiel für den Entscheidungsprozess aus dem Bereich des Personalmarketings. An dieser Stufenfolge orientieren sich spätere Ableitungen, gilt es doch, die Aufmerksamkeit des Publikums aus der allgemeinen Dialogebene (Arena) auf konkrete Eigenschaften der eigenen Musik oder des eigenen Vorhabens zu lenken (Auswahl) und diese Aufmerksamkeit auch im weiteren Verlauf aufrechtzuerhalten.

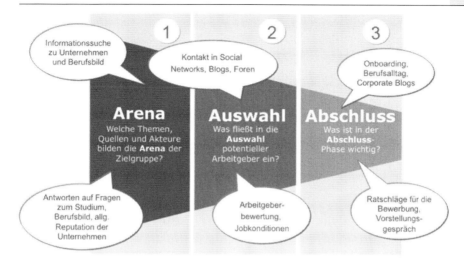

Abb. 3: Beispiel: Entscheidungsprozess für das Personalmarketing

3.5 Ausblick: Von ersten Analysen zum Aufbau hoher Dialogfähigkeit

Das Management der Social-Media-Herausforderung ist ein anspruchsvoller Prozess, der auch stark nach innen wirken muss. So haben sich in den letzten Jahren die Herausforderungen im Bereich Social-Media-Analyse deutlich verschoben. Die Grundaufgaben sind inzwischen bewältigt: Große, verteilte Diskussionsräume können identifiziert werden. Die inhaltliche Verdichtung ist systemseitig sehr weitgehend automatisch möglich. Für die Strukturierung der einzelnen Fragmente liegen gute Modelle vor, so dass zielgerichtete Ableitungen dargestellt werden können.

Es ist der Weg von der ersten Fokus-Analyse zum kontinuierlichen Monitor oder gar zum Sonar, der als Einstiegspfad in die Social-Media-Analyse eine Dialogrevolution umgrenzt. So wird empfohlen, nach ersten Experimenten eine strukturierte Exploration zu beginnen, um durch Strategieentwicklung und Prozessgestaltung die Fähigkeit aufzubauen, nachhaltige Dialogprozesse zu unterhalten, die durch regelmäßiges Monitoring begleitet werden sollten. Dieser systematische Pfad ist keine technische Herausforderung, sondern eine individuelle Managementaufgabe. Als Vorgehensvorschlag mag der „5E-Pfad" dienen:

#1: Explore your Audience in the Digital Arena: Die öffentliche digitale Kommunikation ist da, nimmt zu und beeinflusst die Entscheidungen des Publikums. Für die Bereiche Kommunikation und Marketing wird der Weg über die Analyse der eigenen Position zum Dialog mit der Fangemeinde entwickelt.

#2: Elaborate your Strategy, Marketing-Mix, Key Performance Indicators (KPI): Auch im Social Web lassen sich Ziele und KPI festlegen. Erst danach kann eine zielgerichtete Strategieentwicklung einsetzen, die Ziele, Maßnahmen und strategisches Controlling in Einklang bringt. Social Media kann zielgerichtet viele etablierte Säulen des Marketing-Mix spezifisch befruchten und als eine weitere strukturierte Säule hinzukommen.

#3: Enable Colleagues via Excursions into Social Web: Es gilt, sämtliche Potenziale zu nutzen und vorhandene Akteure einzubinden. Allerdings sollten die Beteiligten nicht überfordert werden.

#4: Establish Action Frame-Work & Strategic Road Map: Eine klare Vorgehenskonzeption reduziert die Unsicherheit und zeigt den Weg zur dauerhaften Gewinnung der Aufmerksamkeit des Publikums. Als Ziel werden externe Teilnahme und interne Mitwirkung verbunden sowie Strukturen und Prozesse für den Dialogaufbau etabliert.

#5: Enter Dialogues Between In-/External Communities: Die Beteiligung an der Dialogrevolution im Internet ist somit eine Managementaufgabe, die nicht mit ein paar Mausklicks zu bewältigen ist. Hier wird vorgeschlagen, den Einstieg in kontinuierliche Dialogprozesse über die Verbindung von analytischer Wertschöpfung mit organisationalem Lernen zu erreichen und durch einen kontinuierlichen Social-Media-Monitor zu unterlegen.

Für diese analytische Klammer lassen sich einige generelle Leitlinien formulieren:

1. Social-Media-Analysen müssen einem Zweck dienen. Ohne eine **konkrete Fragestellung** wird nur viel Datenmaterial gelistet, ohne Erkenntnisse zu generieren.
2. Für die meisten Erkenntnisse ist es nicht notwendig, alle Beiträge zu einem Thema zu identifizieren. Oft ist es besser, stattdessen mehr **Zeit für die saubere und fundierte inhaltliche Bewertung** einzusetzen.
3. Intelligente Analysen können nicht vollständig automatisiert werden. Entscheidend für die Ableitungen von Konsequenzen und passgenaue Empfehlungen ist der **menschliche Verstand**.
4. Wichtiger als einzelne Werkzeuge, die letztlich austauschbare Mittel zum Zweck sind, ist zudem ein **strukturiertes Vorgehen**, das auch wiederholbar sein muss.
5. Social-Media-Analysen und eigene Aktivitäten sollten im Wechselspiel stehen: Initialanalyse, Dialog und Resonanzmessung bilden einen **Kreislauf**.

Ein erstes Verständnis der allgemeinen Grundlagen des Marketings bildet das Fundament, um strategisches Marketing im Musikmarkt greifbar zu machen. Prof. Dr. Dieter Georg Herbst thematisiert im folgenden Abschnitt den Musiker bzw. die Musikerin als Mittelpunkt des strategischen Marketings und stellt das Konzept „Mensch als Marke" vor.

Konkret wird in diesem Abschnitt darauf eingegangen, wie sich die strategische Positionierung im Kontext der Wettbewerbsstrategie und -differenzierung durch Markenführung für bzw. als Musiker oder Musikerin gestaltet. Es werden die wichtigsten Grundsätze für die Positionierung des Künstlers und die Konzeption der Markenführungsstrategie herausgestellt. Zudem wird gezeigt, welche Art Kommunikation im digitalen Zeitalter die Markenführung unterstützen kann.

4 Der Mensch als Marke im Musikmarketing

(Dieter Georg Herbst)

Immer mehr Menschen bieten ihre Leistungen auf dem Musikmarkt an – ob Sänger oder Instrumentalisten. Wie viele traditionelle Produktmärkte ist auch der Musikmarkt weitgehend gesättigt. Nur jener hat Erfolg, der seine Konkurrenten verdrängt. Die vielen Angebote erschweren die Orientierung für die Abnehmer und andere wichtige Bezugsgruppen wie Geldgeber, Journalisten und Multiplikatoren. Den Wettbewerb verschärft, dass viele Angebote als austauschbar wahrgenommen werden und hierdurch das Interesse der Nachfrager an Informationen abnimmt. Folge: Der Kampf um die beste Leistung wird zum Kampf um Aufmerksamkeit.

Für Musiker wird daher die Frage immer wichtiger, wie sie sich auf dem Musikmarkt behaupten und sich dauerhafte Wettbewerbsvorteile verschaffen können. Antworten wollen mittlerweile eine Heerschar von Imageexperten, Stilberatern und PR-Agenturen geben. Ihre Konzepte nennen sie „Personality Marketing", „Marke ICH" und „Celebrity Marketing". Die meisten dieser Konzepte sind Tipps von Praktikern, die wissenschaftliche Fundierung fehlt.

Das Konzept „Mensch als Marke"[13] will die wissenschaftlichen und praktischen Erkenntnisse der modernen Markenführung zur Profilierung von Menschen nutzen. Es beschränkt den Geltungsbereich seiner Aussagen von vornherein auf Menschen, die ihre Leistungen auf Märkten anbieten. Daher ist es auch für Musiker geeignet, ob auf dem Unterhaltungs- oder dem Klassikmarkt.

4.1 Das Konzept

Den Mensch als Marke im Musikmarkt zu begreifen bedeutet, den Musiker bekannt zu machen, das klare und einzigartige Vorstellungsbild (Image) von seiner Person und seinen Leistungen in den Köpfen seiner Bezugsgruppen aufzubauen und langfristig zu entwickeln. Ziel ist es, dass die Bezugsgruppen den Musiker mit bestimmten Eigenschaften verbinden, die ihn einzigartig und attraktiv machen. Sie können den Musiker schnell und eindeutig erkennen und zuordnen (Identifizierung), sie können ihn von anderen unterscheiden (Differenzierung) und seine Leistung als begehrenswerteste aller Alternativen empfinden (Profilierung). Der Mensch wird zum „Gesicht in der Menge", wie es der Marketingexperte Jochen Becker genannt hat.

Der Markenolymp für den Musiker wäre, wenn dieser stellvertretend für die gesamte Kategorie steht: Bei bestimmten Merkmalen denkt man sofort an ihn und umgekehrt assoziiert man den Menschen sofort mit bestimmten Merkmalen: Der Teufelsgeiger? Der gefühlvolle Countertenor? Der virtuose Pianist?

Welche Merkmale der Persönlichkeit wichtig sind, hängt vor allem von der Leistung des Musikers und seiner Situation ab, zum Beispiel:

▶ Qualität der Leistung: Spitzenpianisten etc.,
▶ Preisniveau: Exklusivität einer Leistung (Konzert auf einem Event mit begrenzter Teilnehmerzahl),
▶ Visuelles Erscheinungsbild: Madonna, David Bowie, David Garrett,
▶ Geographische und kulturelle Verankerung: Milva, Mireille Mathieu,
▶ Markteintrittszeitpunkt: Pioniere wie Nigel Kennedy,
▶ Markengeschichte: Gitte.

Mit dem starken und klaren Bild seiner Persönlichkeit und seiner Leistungen kann der Musiker Vertrauen schaffen, denn man vertraut nur dem, den man kennt. Die Bezugsgruppen nehmen das Risiko als geringer wahr, dass sie der Musiker enttäuschen wird und dass die Kosten für die CD oder die Konzertkarte gut angelegt sind. Dagegen ist das Vertrauen schnell dahin, wenn sich ein Gesangsduo als Attrappe erweist. Wer vorgibt, auf einer Trompete zu blasen, muss dies auch tun. Die Leistung muss stimmen. Der Musiker gibt daher ein Belohnungsversprechen ab, das er überzeugend einhalten muss, damit es von den Bezugsgruppen als verlässlich erlebt wird.

Dieses Vertrauen in die Zuverlässigkeit kann den Grundstein für eine langfristige Beziehung legen, denn man bleibt nur dem treu, dem man vertraut. Warum also ist es besonders belohnend, die Leistung dieses Menschen in Anspruch zu nehmen und keine andere? Wem nicht gelingt, dies zu vermitteln, sollte davon ausgehen, dass die Bezugsgruppen die Leistung eines anderen Anbieters beanspruchen werden, von dem sie dies annehmen.

Die einzigartigen Merkmale des Menschen und seiner Leistung haben eine weitere essenzielle Funktion für den Nachfrager: Sie ermöglichen ihm Identifikation. So kann sich der Auftraggeber mit den Eigenschaften des Musikers identifizieren, weil er sie selbst besitzt oder gern besitzen möchte. Dies schafft die starke Verbundenheit. Die Merkmale können sachlich, emotional oder beides sein: So können einem Auftraggeber der Stil des Musikers, sein Umgang mit Instrumenten oder seine Stimme gefallen; er kann aber auch den Musiker selbst faszinierend finden, seine Story, seine Lebenseinstellungen. Mit dem Kauf seiner Leistung kann er sich bestätigt fühlen.

Mehr noch: Der Fan kann den Musiker sogar jene Eigenschaften ausleben lassen, die er selbst nicht hat, nicht leben kann oder leben darf, wie im Fall des wilden, skandalreichen Lebens eines Rock-and-Roll-Stars. Wenn ein Grammy-Preisträger auf dem Siegertreppchen steht, dann steht auch sein Fan auf dem Podest, der selbst gern ein Gewinner wäre. Beispiel Boygroups: Ihre sehr jungen Fans können sich in die Jungs verlieben und in der Phantasie ausprobieren, was sie mit einem wirklichen Jungen machen würden. Sie müssen aber nie befürchten, dies wirklich zu tun. Die Jungs sind perfekt: Sie können tanzen, singen, haben eine gewisse Ausstrahlung und sehen immer gut aus. In ihren Texten sprechen sie direkt die Beziehung zu ihrem Publikum an: In der CD „Everything Changes" sangen Take That 200 Mal das Wort „You" und 62 Mal das Wort „Love" – Wiederholungen im Refrain nicht eingerechnet. Diese direkte Ansprache ist von zentraler Bedeutung für die direkte Bindung mit ihrem Fan. Konsequenz für die Markenführung von Musikern ist, dass deren Persönlichkeit so weit wie möglich mit der realen oder gewünschten Persönlichkeit des Nachfragers übereinstimmen sollte. Madonna steht für die starke, selbstwusste Frau, mit der sich die Fans identifizieren können und in deren Leben sie ihre eigenen Sehnsüchte nach Stärke und Überlegenheit projizieren.

Aber Vorsicht bei Startum: Was der Fan liebt, ist seine Vorstellung vom Star. Stets ist es das Verlangen nach möglichst viel Nähe und zugleich das Wissen um die Unerreichbarkeit, das die Verehrung eines Stars ausmacht. Der Star ist daher für alle Zeiten zur Distanz zu seinen Fans verpflichtet. Sobald er keinen Platz für Idealisierung, Spekulation und Neugier lässt, verfliegt mit ihm der Mythos und mit ihm die Faszination. Fällt die Distanz, fällt der Star.

Markierung als Brandzeichen

Damit der Musiker optisch und akustisch wiedererkennbar ist, nutzt er eine Markierung und brennt sie in Kopf und Herz seiner Fans – ganz so wie die Cowboys im amerikanischen Westen das Markenzeichen auf ihre Rinder brannten. Diese Kennzeichen können ein Logo sein oder ein Künstlername, den sich der Musiker gesetzlich schützen lassen kann. Beispiele für Markierungen von Musikern:

- ▶ Name: Martha Agerich,
- ▶ Phantasie- und Künstlernamen: J.Lo, BSB, Roy Black alias Gerd Höllerich,
- ▶ Körperliche Merkmale: Ray Charles, Stevie Wonder,
- ▶ Aussehen: Jon Bon Jovi,

- ▶ Stimme: Joe Cocker, Nina Simone,
- ▶ Accessoires: Armbänder von Wolfgang Petri,
- ▶ Kleidung: Hut von Udo Lindenberg.

Diese Markierung reicht aus, um bei einem Kontakt das gesamte Wissen und die Gefühle, die mit dem Musiker und seiner Leistung verbunden sind, beim Gegenüber abzurufen: Lang Lang, Stevie Wonder und Bruce Springsteen.

Der Wert des Musikers als Marke lässt sich danach bewerten, was der Kunde bereit ist, für die Leistung dieses Musikers mehr zu bezahlen als für eine vergleichbare andere. Wie viel ist dem Veranstalter der Auftritt wert? Wie viel mehr ist der Besucher des Konzertes bereit, für eine Karte auszugeben? Welche Kosten nimmt er für eine CD in Kauf?

Eigenschaften starker Persönlichkeiten

Voraussetzung für das Entstehen von Vertrauen ist zunächst einmal, dass der Musiker ein klares Bild von sich selbst hat und sich im Zeitablauf widerspruchsfrei, konsistent und damit zuverlässig verhält. Mit anderen Worten: Er sollte eine Persönlichkeit besitzen, die anderen verlässlich und vertrauenswürdig erscheint. Die starke Markenpersönlichkeit weist vier Merkmale auf:

Wechselseitig: Zentral für das Entstehen von Vertrauen ist der Austausch zwischen dem Musiker und seinem Umfeld: Zum einen kann dieser erkennen, was ihn einzigartig macht (Robinson allein hätte dies auf seiner Insel nie feststellen können); zum anderen kann er die Wünsche und Erwartungen seiner Bezugsgruppen aufgreifen und berücksichtigen. Dabei gilt: Je intensiver der Austausch des Musikers mit seinen Bezugsgruppen, desto besser. Studien haben herausgefunden, dass mit steigendem Austausch das Vertrauen wächst – intensive Beziehungen können zu einem Annähern und im Idealfall zum Übereinstimmen von Selbst- und Fremdbild führen. Jedoch sollte der Musiker hierbei keinesfalls seine Einzigartigkeit und Individualität aufgeben, sonst wirkt er anbiedernd und schwach. Zu viele Musiker versuchen, auf alle Fälle die Wünsche und Erwartungen von interessierten Auftraggebern zu erfüllen. Dies führt meist dazu, dass sie nicht mehr wissen, welche Persönlichkeit sie haben und was sie einzigartig macht.

Beständig: Die Musikerpersönlichkeit entwickelt sich über längere Zeit. Sinnvoll ist es daher, jene konstanten Merkmale seiner Persönlichkeit zu bestimmen, die zeitlich stabil sind. Neben diesen Konstanten gibt es Variablen, die sich im Zeitverlauf ändern, ohne die Persönlichkeit des Musikers zu bedrohen: So kann sich das Repertoire des Musikers erweitern, auch auf andere Musikrichtungen, doch es bleibt stets eine Facette der gleichen starken Persönlichkeit. Daher gilt: Wer sich ändert, bleibt sich treu.

Widerspruchsfrei: Alle Eigenschaften der Musikerpersönlichkeit ergeben einen stimmigen Gesamteindruck, damit sich die Bezugsgruppen ein klares, unverwechselbares Bild machen können. Sind die Merkmale nicht aufeinander abgestimmt, können sich Widersprüche ergeben, die das Vertrauen in die Zuverlässigkeit stören und sogar zerstören können. Der Mensch muss also genau so handeln wie er redet:

Verspricht der Musiker das gemeinsame Schwelgen in den Erinnerungen vergangener Zeiten und nutzt er dabei jedoch viele Modewörter und Anglizismen in seiner Sprache, kann dies die Bezugsgruppen irritieren.

Einzigartig: Die starke Musikerpersönlichkeit ist einzigartig. Die Merkmale müssen für das Gegenüber bedeutend und deutlich wahrnehmbar sein. Persönlichkeit und Leistung vieler Musiker wirken gerade deshalb so schwach, weil das Umfeld keinerlei Unterschiede zu anderen wahrnimmt. Dem kann der Musiker dadurch entgehen, dass er formuliert, was er nicht ist und was er nicht will. Nur dann kann sich das Profil des Musikers bilden.

4.2 Die Elemente der Markenführung

Die Elemente der Markenführung für Musiker sind das Belohnungsversprechen, die Erfolgsfaktoren bzw. Begründungen sowie die Vermittlung über die Mittel und Maßnahmen an die Bezugsgruppen.

4.2.1 Belohnungsversprechen

Der Musiker gibt seinen Bezugsgruppen das Belohnungsversprechen, welches einzigartig belohnende Gefühl sie haben, wenn sie dessen Leistungen in Anspruch nehmen. Das Belohnungsversprechen besteht aus drei Teilen:

1. „Ich bin …“: Hier ordnet er sich ein (Sänger, Instrumentalist, U-Musik, e-Musik etc.).
2. „… der Dir“: Der Musiker beschreibt, worin seine Leistung besteht.
3. „… damit Du …“: Gefühle, die die Bezugsgruppen haben, wenn sie die Leistungen des Musikers in Anspruch nehmen. Dies können Sicherheit und Tradition sein, Anregung und Prickeln durch Neues oder Überlegenheit.

Das Belohnungsversprechen lässt sich für einzelne Bezugsgruppen differenzieren. Es ermöglicht ihnen, folgende für sie und ihre Entscheidung wichtigen Fragen zu beantworten:

▶ Was kann ich vom Musiker und seinen Leistungen erwarten?
▶ Was kann ich nicht erwarten?
▶ Wie werde ich mich fühlen, wenn ich seine Leistungen in Anspruch nehme?
▶ Wie werde ich auf andere wirken, wenn ich dies tue?

Die Entwicklung des Belohnungsversprechens zwingt den Musiker, in den Zielen und den Gefühlen seiner Bezugsgruppen zu denken und die Erreichung dieser Ziele in einzigartiger Weise zu versprechen.

Beziehungsangebot

Welche Beziehung bietet der Musiker seinen Bezugsgruppen an? Diese Frage ist essenziell für die Markenführung und die eigene Positionierung, denn auch Beziehungen können belohnend sein.

Grundsätzlich sind für den Musiker folgende Beziehungsangebote denkbar:

▶ **Fürsorglich („Ich ermögliche Dir einen schönen Abend"):** Dies steht für Unterstützung, Bestärkung, Schutz, Lob und Hilfe. Ein Beispiel hierfür wäre ein Musiker, der dafür sorgt, dass sein Publikum mal eine Pause einlegen kann, sich entspannen kann und es sich gut gehen lässt.

▶ **Frei („Komm, lass uns spielen und Neues entdecken"):** Dies umfasst den ursprünglichsten, natürlichsten Teil einer Persönlichkeit – Kreativität und Intuition sind zwei wesentliche Merkmale. Ein Beispiel wäre ein Musiker, der spontan ist, kreativ ist und experimentiert.

▶ **Kritisch („Ich weiß, wie man zu spielen hat!"):** Dies umfasst sämtliche Ausdrucksformen von Kontrolle wie Ge- und Verbote, Vorurteile, Zurechtweisungen, Normen oder Verhaltensregeln. Dieser Zustand kennzeichnet die Haltung des strengen Musikers, der vorgibt, was erlaubt und was verboten ist.

▶ **Angepasst („Ich spiele so, wie es Dir gefällt"):** Dieser Musiker orientiert sich vornehmlich an Erwartungen anderer, stellt die Einhaltung von Regeln, Ge- und Verboten in den Vordergrund. Da sich dieser Musiker ausnahmslos an anderen orientiert, unterscheidet er sich zwar in seinem Auftreten, nicht jedoch in den Grundzügen seines Verhaltens.

▶ **Sachlich („Wer, wann, wo"):** Dies umfasst Informationen über sachlich-funktionale Leistungen des Musikers. Auf welchem Niveau spielt er? Wie gut beherrscht er sein Handwerk? Zum Beispiel spielt David Garrett den Hummelflug von Rimski-Korsakow am schnellsten.

Der Musiker kann anhand dieser Prototypen prüfen, aus welcher Haltung er grundsätzlich agiert und welchen Zustand er im Gegenüber ansprechen möchte.

4.2.2   Erfolgsfaktoren

Die Erfolgsfaktoren begründen, warum der Musiker sein Belohnungsversprechen in einzigartiger Weise erfüllen kann. Es reicht nicht aus, zu behaupten, man sei „kompetent" und „kreativ", weil dies ungenau ist und jeder behauptet. Stattdessen sollte der Musiker lebendig und deutlich wahrnehmbar vermitteln, was er unter diesem Begriff versteht: Wie also zeigt sich dessen Kompetenz? Wie ist sie entstanden (welche Musikschule, welcher Lehrer)? Und wie entwickelt er sie weiter? Hat er lange Erfahrung im Markt? Beherrscht er bestimmte Methoden und Techniken? Zu den Erfolgsfaktoren können auch dessen Netzwerke gehören, also die Zusammenarbeit mit anderen Experten, wie zum Beispiel mit Musikern, Managern und Produzenten.

4.2.3 Vermittlung

Der Kreative vermittelt das Belohnungsversprechen samt Erfolgsfaktoren in allen Kontaktpunkten mit seinen Bezugsgruppen. Hierfür kann er sein Erscheinungsbild nutzen, seine Kommunikation und sein Verhalten, wie bereits im Abschnitt 4.1 über Markierungen deutlich wird:

▶ **Erscheinungsbild:** Hierzu gehören seine charakteristische Kleidung, seine Frisur, sein Schmuck, sein Logo sowie Farben und Formen.
▶ **Kommunikation:** Was sagt der Musiker (Inhalt)? Und in welcher Sprache und mit welchem Stil sagt er dies (Form)?
▶ **Verhalten:** Das stimmige Verhalten, das zum Erscheinungsbild und der Kommunikation passt, sichert einen widerspruchsfreien Auftritt. Wer sagt, er liebe seine Fans, sollte sich auch genügend Zeit für sie nehmen, zum Beispiel in Autogrammstunden und im Internet.

Der Musiker kann prüfen, ob er sich in einem Aspekt oder in allen von anderen unterscheiden kann. Wie kann er sich noch positionieren?

4.3 Positionierung

Positionierung bedeutet, dass der Musiker bei seinen Bezugsgruppen ein klares Vorstellungsbild entwickelt, das sich deutlich von anderen Anbietern abgrenzt. Als Faustregel kann gelten: Je stärker der von den Bezugsgruppen wahrgenommene Kontrast des Musikers zu seinen Wettbewerbern ist, desto klarer wird das Vorstellungsbild. Verspräche er das Gleiche wie seine Konkurrenten, wäre es aus Sicht der Bezugsgruppen egal, welchen Anbieter sie wählen.

Das Belohnungsversprechen, die Erfolgsfaktoren und die angebotene Beziehung zu dem Bezugsgruppen bieten dem Musiker drei Ansätze, wie sich dieser im Wettbewerb klar und deutlich positionieren kann:

▶ **Einzigartiges Belohnungsversprechen:** Der Musiker unterscheidet sich durch ein anderes, für seine Bezugsgruppen bedeutenderes, attraktiveres Belohnungsversprechen als seine Konkurrenten. Bietet der Musiker seinen Bezugsgruppen eine andere Beziehung an als andere Musiker?
▶ **Einzigartige Erfolgsfaktoren:** Die Erfolgsfaktoren könnte der Musiker daraufhin prüfen, ob und wie er sich hierin vom Wettbewerb grundsätzlich unterscheidet.
▶ **Einzigartige Vermittlung:** Letztlich bleibt die Vermittlung der Persönlichkeit und der Leistung des Musikers, um sich im Wettbewerb zu unterscheiden, zum Beispiel durch dessen Storytelling, der Art und Weise, wie er Geschichten über sich erzählt.

Optimal wäre, wenn der Musiker sämtliche Ebenen der Positionierung für sich und seine Markenführung nutzen könnte.

Diese übergeordneten Grundlagen liefern wichtige Vorgaben für den Aufbau und die kontinuierliche Entwicklung der Marke des Musikers. Besonders wirkungsvoll ist es, aus diesen Vorgaben und den Kernelementen Geschichten abzuleiten, weil diese besonders hirngerecht sind.

4.4   Konzeption der Markenführung

Markenführung für Musiker sollte systematisch, sorgfältig und vorausschauend geplant werden, damit sie erfolgreich ist. Dieses Vorgehen ist im Konzept der Markenführung festgehalten. Das Konzept ist ein schriftlicher Verhaltensplan, quasi das Drehbuch. Es legt fest, an wen sich die Markenführung richtet, was der Musiker damit konkret erreichen möchte, wie und wodurch ihm dies gelingen kann. Warum ist das systematische Vorgehen so wichtig?

▶ **Abgestimmtes Vorgehen:** Damit die Bezugsgruppen so handeln, dass sie die Ziele des Musikers unterstützen, benötigen diese ein klares Vorstellungsbild von ihm. Verläuft die Markenführung nicht abgestimmt, können Widersprüche entstehen, die das Vorstellungsbild trüben. Es müssen alle am Musikmarketing Beteiligten abgestimmt kommunizieren (Musiker, dessen Agentur, eventuelle Mitarbeiter etc.), so dass dieses klare Vorstellungsbild entstehen kann. Schriftliche Grundlage für das koordinierte Vorgehen ist das Konzept.

▶ **Lernen:** Die Bezugsgruppen sollen bestimmte Eigenschaften mit dem Musiker und seinen Leistungen verbinden. Sie wissen, wofür er steht und welche einzigartige Belohnung sie von ihm erwarten können. Das Konzept plant diesen Lernprozess.

▶ **Bezugsgruppengerechtes Vorgehen:** Die Wünsche und Bedürfnisse der Bezugsgruppen des Musikers können höchst unterschiedlich sein. Das Konzept berücksichtigt diese Unterschiede. Dies erhöht die Sicherheit, dass der Musiker ein Vorgehen entwickelt, das seine Bezugsgruppen anspricht und ihnen gefällt.

▶ **Zukunftsplanung:** Das Konzept legt fest, wie sich die Markenführung des Musikers in den kommenden Monaten und Jahren entwickeln wird. Das zwingt den Künstler, einen Blick in seine Zukunft zu werfen. Er sollte prüfen, worauf er sich einstellen und mit welchen künftigen Themen und Problemen er rechnen muss.

▶ **Mittelplanung:** Im Konzept plant der Musiker, wie er seine verfügbaren Mittel einsetzt, Zeit, Geld und Personal. Dies ist wichtig, damit er nicht den Fehler begeht, sich viel zu viel vorzunehmen.

Das Konzept trägt dazu bei, dass der Künstler selbst ein klares Bild von seinem Vorgehen entwickelt. Das systematische Vorgehen beim Aufbau und der Entwicklung der Marke Mensch entspricht dem klassischen Vorgehen aus den vier Schritten Analyse, Planung, Kreation und Kontrolle, wie es bereits im ersten Kapitel aufgeführt ist:

1. **Analyse:** Sie deckt auf der Grundlage zuverlässiger Informationen die relevanten Stärken und Schwächen auf: Was bietet der Musiker an? Honoriert der Markt dieses Angebot? Vermittelt er angemessen seine Persönlichkeit? Entwickelt sich das angestrebte Image wie geplant?
2. **Planung:** Der Musiker legt seine Bekanntheits- und Imageziele fest, den Weg, wie er diese erreichen möchte (Strategien) sowie die Mittel und Maßnahmen zu deren Umsetzung.
3. **Kreation:** Die von ihm entwickelten Mittel und Maßnahmen arbeitet er aus und setzt sie um, zum Beispiel in Texte, Bilder und Aktionen.
4. **Kontrolle:** Während des Prozesses und nach dessen Abwicklung prüft er, ob er seine Ziele erreichen wird bzw. schon erreicht hat. Ist dies nicht der Fall, leitet er angemessene Maßnahmen ein.

Die vier Schritte hängen aufgrund der Dynamik der Märkte eng zusammen und beeinflussen sich wechselseitig.

4.5 Digitale Kommunikation

Digitale Kommunikation ist die elektronisch vermittelte Kommunikation zwischen Menschen, zum Beispiel im World Wide Web, aber auch per Mobiltelefon, Smartphone und iPad.

Das Internet ist kein Medium wie eine Anzeige oder ein Flyer, sondern eine Plattform, deren Mehrwert aus der Kombination von vier Eigenschaften besteht: Integration, Vernetzung, Zugänglichkeit und vor allem Interaktivität.

1. **Integration:** Im Internet kann der Musiker alle Informationen bereitstellen, die für alle Beteiligten wünschenswert und sinnvoll sind. Die Website und vernetzte Angebote wie Myspace, Facebook und Twitter können nach Informationstiefe und -breite gestaffelte Informationen über die Person und deren Leistungen enthalten. Dieses Angebot kann mit Diensten wie E-Mail, Foren und Chats verbunden sein. Multimedialität ermöglicht dem Kreativen, Texte, Fotos, Graphiken, Videos, Animationen und Töne einzubinden. Durch diese Multimedialität kann der Kreative sich und seine Leistungen erlebnisreich inszenieren.
2. **Verfügbarkeit:** Die Website ist jederzeit, überall und fast ohne Begrenzung des Umfangs nutzbar. Das Angebot lässt sich kurzfristig und schnell anpassen.
3. **Vernetzung:** Die Inhalte der eigenen Website lassen sich verbinden, ebenso die eigenen Inhalte mit jenen auf anderen Websites (zum Beispiel Kundenwebsites). Die Website lässt sich mit anderen Informationsquellen innerhalb und außerhalb des Internets verbinden (zum Beispiel durch Apps).

4. **Interaktivität:** Besucher der Website können die Kommunikation mitgestalten. Dies betrifft auch die technische Kommunikation mit dem Angebot – der Besucher kann Nutzung, Art, Inhalt, Zeitpunkt, Dauer, Abfolge und Häufigkeit des Informationsabrufs weitgehend selbst bestimmen. Persönliche Kommunikation kann zwischen dem Kreativen und dem Kunden, zwischen Kunden, aber auch mit Experten und anderen Meinungsbildnern stattfinden.

Die digitale Kommunikation bietet dem Musiker demnach vielfältige und höchst wirkungsvolle Möglichkeiten, sein Belohnungsversprechen vorzustellen, dessen Umsetzung zu erläutern und dann mit den Interessenten ins Gespräch zu kommen.

Bei der Gestaltung der digitalen Kommunikation hilft die festgelegte Beziehungsebene, die der Musiker seinen Bezugsgruppen anbietet: Hat er sich für Fürsorge entschieden, kann er dies hier beweisen und ein breites Serviceangebot zur Verfügung stellen. Er kann in der persönlichen Kommunikation zeigen, dass er auf seine Kunden eingeht, deren Wünsche und Erwartungen erfragen und diese möglichst einzigartig umsetzen.

4.6   Fazit

Nutzen Musiker die Erkenntnisse der modernen Markenführung, können sie ihre Position im Musikmarkt deutlich verbessern. Besonders wichtig ist es hierbei, zunächst die eigene Persönlichkeit des Musikers und seine Leistung zu ermitteln, um sie danach wirkungsvoll vermitteln zu können.

So ähnlich sich die Persönlichkeiten von Menschen und Marken in vielen Punkten sind, es gibt einige gravierende Unterschiede zwischen Menschen und Marken:

▶ Menschen können das Selbstverständnis über ihre Persönlichkeit und deren Darstellung selbst aktiv, systematisch und langfristig gestalten; das Markenmanagement von Produktpersönlichkeiten übernehmen die Markenmanager (Musiker, dessen Management).

▶ Menschen altern – im Gegensatz zu Marken, die über Jahrzehnte jung gehalten werden können, wie die Beispiele Marlboro und Milka zeigen. Besonders bedeutsam ist dies bei der Leistung von Menschen, die an ihr Aussehen gekoppelt sind. Produkte bekommen keine Falten – Menschen schon.

▶ Das Image von Menschen kann mehrere Dimensionen haben: Das Image des Privatmenschen, das Image des Menschen in der Öffentlichkeit sowie das Image des Menschen in seiner Arbeit. Diese Images können kongruent, aber auch sehr unterschiedlich sein, wie im Fall eines Musikers, der auf der Bühne eine andere Rolle verkörpert als in seinen öffentlichen Auftritten.

▶ Wird von der klassischen Marke gefordert, sämtliche Instrumente widerspruchsfrei an der Markenidentität auszurichten, kann sich der Mensch als

Marke gerade dadurch auszeichnen, dass er Widersprüche und Leerstellen auf-weist. Diese nimmt der Abnehmer so lange hin, wie er das Belohnungsverspre-chen klar und deutlich erkennen und sich hierauf verlassen kann.

Da künftig immer mehr Musiker ihre Leistung auf dem Musikmarkt anbieten werden, und für die Profilierung angemessene Konzepte erforderlich sind, wird das Markenführungskonzept eine zunehmend wichtige Rolle spielen.

Die Medienwelt befindet sich im Umbruch. Dem Monolog in den klassischen Medien steht der lebendige Dialog im Social Web gegenüber. Hier werden Inhalte nicht nur publiziert, sondern auch kommentiert, verarbeitet, verbreitet, verknüpft und weiterempfohlen. Altbewährte Marketinginstrumente haben ausgedient. Im Social-Media-Zeitalter gelten andere Regeln, zählen andere Werte. Die vielfach diskutierte Gleichberechtigung zwischen Absender und Rezipient zieht eine grundlegende Neuausrichtung ihrer Beziehung nach sich. Was hat sich geändert? Welche Herausforderungen und Chancen ergeben sich für Musiker, die das Potenzial der sozialen Kommunikationsplattformen für ihr Musikmarketing und ihre künstlerische Entwicklung nutzen wollen?

5 Wandel der Beziehungsform zwischen Musiker und Publikum durch das Social Web – von der Unerreichbarkeit zur „Nähe"

(Matthias Krebs)

5.1 Einleitung

„Die Bindung an das Publikum ist nicht gut. Der Künstler muss sein Ding machen können und nicht das, was das Publikum verlangt. Daher ist Distanz wichtig."[14] Jonas Poppe, Sänger und Gitarrist der Berliner Elektro-Band „Kissogram", bringt pointiert die Verunsicherung unter Musikern bezüglich des Problems zum Ausdruck, wie in einer mehr und mehr vernetzten Welt die Beziehungen zum Publikum gestaltet werden sollen. Aus Sicht des Künstlers steht nichts Geringeres als künstlerische Freiheit und Autonomie auf dem Spiel. Was dabei übersehen wird, ist, dass die „Nähe", die Internetplattformen erzeugen, durchaus produktiv für das künstlerische Schaffen genutzt werden kann. Ein Netzwerk von Fans und Unterstützern ist eine soziale und ökonomische Ressource, aber auch Inspirationsquelle. Der vielstimmige Dialog, der in Form des Social Web in fast alle Lebensbereiche Einzug hält, löst unter vielen Musikern Berührungsängste aus. Um wertvolle Ressourcen nicht zu verschenken, stellt sich die Frage: Wie sieht das Beziehungsgeflecht zwischen Musikern und Fans in den sozialen Online-Netzwerken aus?

Zum Thema Social Media im Kontext künstlerischer Selbstvermarktung liegt kaum Literatur vor. Die hier präsentierten Beobachtungen sind das Resultat einer intensiven Auseinandersetzung mit dem Phänomen Internet sowie meiner Lehrpraxis als Kursleiter des Zertifikatskurses „DigiMediaL – Strategisches Musikmarketing im Internet". In Ergänzung zu den Grundlagen des strategischen Marketings (Prof. Dr. Thomas Schildhauer), zur aktuellen Marktlage und Relevanz des Internets für den Musiker (Stephan Steigleder), zur Zielgruppenanalyse (Prof. Dr. Martin Grothe) und zur Konzeption des Musikers als Marke (Prof. Dr. Dieter Georg Herbst) in diesem Band sollen Hilfestellungen gegeben werden, um die neue Qualität der Beziehungen zum Publikum im Social Web besser verstehen und für Musiker nutzbar machen zu können. Es liegt die Annahme eines grundsätzlichen Wandels zugrunde: Indem der hohe Vernetzungsgrad der Social Media die Kommunikationsstruktur beeinflusst, ändert sich auch die Wahrnehmung der Musikerperson bzw. -persönlichkeit im Ganzen. Dieser Veränderung muss das Musikmarketing Rechnung tragen. Eine Medienindustrie, die Zielgruppen zu bespielen und zu berieseln pflegt, entwickelt sich zu einer Branche von interaktiv agierenden Unternehmen, die mit Menschen im Dialog stehen und diese zwangläufig ernst nehmen.[15] Die Folgen dieses Wandels sind zwar noch nicht abzusehen, doch einige Auswirkungen lassen sich anhand von Fallbeispielen deutlich machen.

Zur Annäherung an diese komplexe Thematik sollen Trends[16] beschrieben werden. Sie benennen gemeinsame Anpassungsstrategien an eine sich verändernde (mediale) Umwelt. Hinsichtlich der Beziehung zwischen Musiker und Publikum im Social Web zeichnet sich ein Trend zur „Vermenschlichung" des Künstlers ab. Dies erfordert eine andere Einstellung zum Publikum und mehr noch: ein reflektiertes künstlerisches Selbstverständnis. Dieser Trend manifestiert sich durch die mediale Präsenz des Künstlerprofils auf Internetplattformen, wo den Fans Konzerte, Proben und Projekte oder Onlineaktivitäten nicht nur angekündigt, sondern auch Anlässe zum Dialog bis hin zur Beteiligung angeboten werden. Warum aber sollte es förderlich sein, Zeit und Energie in wechselseitige, persönliche Beziehungen zum Publikum zu investieren? Was fasziniert die Fans an der neuen „Nähe" zu den Musikern und was macht den Zauber der digitalen Bühne aus? Dieses Kapitel behandelt die Frage, wodurch die Beziehungsformen auf Social-Media-Plattformen determiniert sind und wie dadurch unser Umgang mit Musik, unsere Kommunikation und persönliche Entwicklung beeinflusst wird. Letztendlich geht es bei alledem darum, uns als Musiker und auch als Mensch besser zu verstehen in der Art, wie wir miteinander vernetzt sind.[17]

5.2   Medienwelt im Wandel

Bis vor wenigen Jahren war das Verhältnis zwischen den „Stars" der Musikwelt und dem Publikum in der Tat, wie Jonas Poppe sagt, von großer Distanz und Unnahbarkeit geprägt. Besondere Faszination lag gerade in dem Paradox der Omnipräsenz der Stars in den Massenmedien einerseits und der Unnahbarkeit der Musikerpersönlichkeit durch eine quasi-mystische Inszenierung andererseits.

Die steigende Bedeutung von Social-Media-Plattformen führte in den vergangenen Jahren zu einer Neudefinition des Gefüges von Musikproduzenten und

Konsumenten. Während die etablierte Musikindustrie die Potenziale der Plattformen verkannte und große Summen in Banner-Kampagnen investierte, die nur eine Verlagerung gewöhnlicher Werbeflächen ins Netz darstellten[18], experimentieren einige Musiker mit den neuartigen Möglichkeiten zum Selbstmarketing. Im Jahr 2005 waren die Arctic Monkeys die erste Band, die die neuen Distributionsgesetze im damals gerade entstehenden Web 2.0 für sich zu nutzen wussten. Auf Konzerten verteilten sie selbstgebrannte CDs mit Aufnahmen ihrer Songs. Fans boten diese schließlich auf ihren Blogs zum Herunterladen an. Die Band hatte dagegen nichts einzuwenden, selbst dann noch nicht, als ihr Album Wochen vor dem Erscheinen im Web auftauchte. In allerhand Foren schwärmten die Fans von ihrer Entdeckung und richteten eine Arctic-Monkeys-Seite auf www.myspace.com ein. Die Songs wurden im Netz so begeistert aufgenommen, dass die Band bereits große Konzerte spielte, bevor sie überhaupt einen Plattenvertrag unterschrieben hatte. Das erste Album „Whatever People Say I Am, That's What I'm Not" verkaufte sich allein in der ersten Woche nach Erscheinen mehr als 400.000 Mal und wurde zum schnellstverkauften Debüt-Album der Popgeschichte: Ein Erfolg von Newcomern, der nicht auf PR-Agenturen, Plattenfirmen-Budgets oder Journalismus zurückzuführen ist, sondern sich der Fan-Power und einem crossmedialen Marketing verdankt. Die Arctic Monkeys erregten durch ihr MySpace-Profil eine gewaltige Aufmerksamkeit von fünf Millionen Profilaufrufen und kamen dabei mit einem Bruchteil des herkömmlichen Werbeetats aus. Seither glaubten Bands wie Plattenfirmen gleichermaßen an das PR-Wunder MySpace. Zwischenzeitlich gab es zehntausende Musikerprofile auf MySpace. Doch dieses soziale Netzwerk ist heute ein trostloser Ort, von dem zuerst die Fans, dann Musiker innerhalb kürzester Zeit geflüchtet sind. Der Grund: Die Nutzung von Social Media bedeutet nicht, einseitig in Richtung des Konsumenten zu kommunizieren, also eine Art Schaufenster zu präsentieren, sondern einen Dialog in gegenseitiger Wertschätzung zu pflegen. Da die meisten Musiker sich allerdings mit der Zahl der Fans und der Profilaufrufe begnügten und die Möglichkeit zur Onlinekommunikation ignorierten oder nur unzureichend damit beschäftigten, waren Erfolge nur von kurzer Dauer. Dadurch, dass MySpace die Funktionalität zur Interaktion nicht weiterentwickelte und den Wandel von der „Aufmerksamkeitsökonomie" zur „Beteiligungsökonomie" nicht mitvollzog, verlor diese Plattform an Status in Bezug auf die Reichweite. Bis heute verwechseln viele Musiker beim Aufbau von Unterstützer- und Fan-Kontakten die Zahl ihrer Facebook-Fans mit der effektiven Reichweite.[19]

Die Verunsicherung unter den Musikern ist groß. Während die einen den Untergang der Musikindustrie prophezeien, tun andere das Internet als Spielzeug für Technikfreaks und Selbstdarsteller ab, und wieder andere fürchten, folgenschwere Fehler in ihrer Kommunikation zu begehen. Diese Unsicherheit betrifft auch die jüngeren Musiker. Das Paradox daran ist, dass dort, wo die Zukunftsmusik spielt, bislang für Musiker kaum ordentlicher Gewinn zu machen ist. Findet Marketing und PR bald primär online und ohne den Umweg über die klassischen Medien statt? Oder durchleben wir einen Hype? Ergeht es Facebook oder Twitter mit ihren teils mehr, teils weniger relevanten Inhalten bald wie MySpace? Gleichzeitig wird die Auswahl an bedarfsgerechten Inhalten immer größer und für den Kunden das Bedürfnis, diese Inhalte kreativ zu nutzen, immer leichter handhabbar. Dies wird unsere Medienlandschaft und unseren Medienkonsum in den nächsten Jahren enorm verändern und schließlich bereichern. Für den professionellen Musikerberuf bedeutet dies aber, dass es nur wenige, besonders spitz und kompetent positionierte Musiker geben wird, die sich Alleinstellungsmerkmale erarbeitet haben und mit großen (Medien-)Unternehmen verhandeln oder durch deren Effizienz in ihrem Fachgebiet Honorare erzielen, die diesen Namen auch verdienen.

Daher ist eine strategische Neuausrichtung der eigenen künstlerischen Position im Internet unausweichlich. Musiker kommen nicht umhin, ihre Aktivitäten crossmedial, über etablierte klassische Instrumente sowie Online-Plattformen hinweg, zu vernetzen. Abläufe müssen zu medialen Produktionen optimiert und Inhalte mehrfach verwertbar gemacht werden. Für die Inhalte gilt es, neue Partner und Vertriebswege zu finden. Sie müssen in ihre Marke investieren. Kurzum: Fantasie und Kreativität sind gefragt. Marken werden letztlich in Gesprächen definiert. Daher können es sich auch Musiker nicht mehr leisten, ihr Künstlerprofil in den sozialen Medien zu vernachlässigen. Die Profile müssen lebendig sein. Wie wichtig diese Plattformen für den Erfolg der Musiker sind, zeigt, dass selbst „Stars" die sozialen Plattformen intensiv nutzen. Hier sind keine Agenturen im Spiel, die die Kommunikation übernehmen. Den Posts von Lady Gaga (mit mehr als 18 Millionen Followern) ist anzumerken, dass sie weitgehend von ihr selbst geschrieben sind.[20] Die meisten ihrer amerikanischen Kollegen sind auf den großen Plattformen wie Twitter und Facebook unterwegs und setzen auf direkten Dialog. Durch die Vernetzung von Künstlerleben (Bühne, Album-Produktion etc.) und Web wird ein Rückmeldungskanal angeboten, der die Künstler zu Sympathieträgern im Web 2.0 werden lässt.

Derlei Dialogorientierung markiert einen kulturellen Wandel. Ehedem „stumme" Musikliebhaber und Fans werden Gesprächspartner auf Augenhöhe. 2012 stehen deutsche Musiker noch ganz am Anfang, was die digitale Kommunikation betrifft. Dialogbereitschaft: Fehlanzeige oder oft geheuchelt. Pressekritiken: Ja, aber bitte so wenig direkten Kontakt mit dem Publikum wie möglich. Anstatt sich kreativ mit den neuartigen Mechanismen des Social Web auseinanderzusetzen, bleiben viele Musiker in Reflexhandlungen verhaftet und es werden Postkarten, Flyer, Broschüren und ganze CD-Alben aufwendig produziert und in Massen an Veranstalter, Labels und Radio-Stationen verschickt, ohne dass sie Feedback bekommen. Ein Beispiel dafür, dass selbst für weniger populäre Musiker aus der klassischen Musikbranche Aktivitäten im Social Web sinnvoll sein können, auch wenn die Zielgruppe als wenig web-affin gilt, belegt die Frankfurter Gitarristin Heike Matthiesen. Sie ist aktive Nutzerin von Facebook, Twitter und Google Plus. Besonders ihre Twitter-Posts zeichnen ein authentisches Bild und gewähren Einblicke in ihr Leben als Musikerin: „@axljung_san und ich möchte immer fair sein, habe ja selber genügend Wettbewerbe mitgespielt #idealistischegitarra".[21] Die vielfältigen Musikprojekte und klassischen Konzerte erhalten durch ihre Präsenz in den digitalen Formaten menschliche Züge und werden ihren insgesamt fast 34.000 Fans und

Followern auf diversen Internet-Plattformen auf diese Weise nähergebracht. Das Beispiel zeigt: Musiker werden künftig zugänglicher, serviceorientierter und für das Publikum erreichbarer sein. Sie werden das Internet nicht nur als Schaufenster, sondern auch als Feedback-Kanal entdecken, um Inspiration und Motivation zu gewinnen. Das schafft Nähe und Authentizität. Die Distanz zwischen Publikum und Künstler schwindet und die Aufmerksamkeit steigt.

5.3   Vermenschlichung

Soziale Beziehungen äußern sich im Social Web generell durch gleichberechtigte Kommunikation zwischen allen Beteiligten. Wie Branchen-Experten für die Markenführung hervorheben, sind die Hauptanforderungen, die Marken erfüllen müssen, Transparenz, Authentizität und Vertrauen. Diese für das klassische Marketing anvisierten Zielvorstellungen gelten im Social Web in besonderem Maße, doch geht es hier um mehr als (nur) um ein Markenimage. Aktivitäten in Social Media wirken zunächst wie Versprechungen, die letztlich im realen Leben bzw. auf der Bühne eingelöst werden müssen. So muss hinter einer gelungenen Social-Media-Performance immer noch eine qualitativ hochwertige und einmalige Leistung in der wirklichen Welt stehen.

Neben der Produktqualität ist es vor allem eine spezifische Form von „Nähe" zwischen den Nutzern von Social Networks und ihren Stars, die den Erfolg des Künstlers im Auf- und Ausbau von Publikumskontakten ausmacht. Die Nutzung von Social Media kann dazu beitragen, dass der Musiker umso überzeugender und authentischer in seinem Image wahrgenommen wird. Es hat sich gezeigt, dass je „kommunikativer" ein Produkt oder eine Leistung ist, desto interessanter wird Social Media als Kommunikationskanal für das Marketing. Gegenüber Produkten wie Autos oder Joghurt kommt Musik eine weitere Sonderrolle zu. Musik kann sowohl Marketinginhalt als auch Trägermedium für bestimmte Botschaften anderer Marken sein.

Aktivitäten im Social Web werden als soziales Verhalten wahrgenommen. Orientiert sich ein solches Verhalten an anderen Subjekten oder an einem gemeinsamen Objekt, so kann man nach Max Weber von einer sozialen Beziehung sprechen.[22] Die Bekundung eines „gefällt mir" durch spontanes Anklicken des Like-Buttons allein stellt zwar eine wichtige erste Stufe, letztlich jedoch nur eine unverbindliche Art der Beziehungsaufnahme dar. Nachhaltiger Erfolg in sozialen Netzwerken wird ausschließlich denjenigen Musikern zuteilwerden, die mit ihrer Kreativität auch kommunikativ umzugehen verstehen und mit ihrem Publikum im kontinuierlichen Dialog stehen.

Die von einigen Musikern gefürchtete Abhängigkeit vom Willen des Publikums beruht auf einem Missverständnis. Es ist ein Irrtum, das Profil des Künstlers müsse dem Social-Media-Tenor angepasst werden. Identität kann vom Publikum weder übernommen noch aufgezwungen werden. Die Tatsache jedoch, dass viele Musiker Probleme haben, innerhalb des Sozialen Webs zu kommunizieren, lässt sich

auch als Resultat einer „Selbstfindungskrise" interpretieren. So wird in den Zerti-
fikatskursen DigiMediaL (dazu Kapitel B.1) ersichtlich, dass eine deutliche Selbst-
und Projektbeschreibung den teilnehmenden Musikern Schwierigkeiten bereitet.
Da die Kommunikation im Social Web direkt, konsistent und authentisch sein muss,
besteht in gesteigerter Form die Anforderung an einen Musiker darin, sich darüber Klarheit zu verschaffen, welche Ziele er verfolgt, was er tut und wofür er steht,
und dies in seinem Profil zu manifestieren. Es handelt sich dabei um ein digitales
Selbstporträt, das in den Formaten, die das Web zulässt, Musiker und Musik möglichst präzise auf den Punkt bringt. Dieses Profil weiter auszudifferenzieren und
zu vernetzen, wird eine den Musiker begleitende Aufgabe sein. Gleichzeitig gibt
es immer wieder Anlass zum Experimentieren. Anhand der Aktivitäten im Netz
definieren sich Identität, Charakter und Eigenständigkeit des „menschlichen" Mu-
sikerprofils. Wie ein erfolgsversprechendes Künstlerprofil beschaffen sein sollte,
lässt sich freilich nicht mit einem Patentrezept beschreiben. Variablen wie Persönlichkeit des Musikers, Kommunikationskanal, Zielgruppe und Form der Selbstdarstellung sollten in jedem Fall bewusst und individuell aufeinander abgestimmt
sein. Ein solches Profil ist aber auf keinen Fall statisch festgelegt, sondern bietet
eine virtuelle Bühne, auf der sich der Künstler mit präsentiert. Der künstlerische
Entwicklungsprozess, über den sich der Musiker letztlich seiner selbst bewusst
wird, hat dort zusätzlich Platz, wodurch das Profil menschliche Züge erhält. Das
Profil schärft sich anhand der Aktivitäten und des Feedbacks im Dialog mit den
Fans.

Außerdem ist der Musiker aufgefordert, aus dem Überangebot an Social Media
den richtigen Kommunikationskanal bzw. das richtige Instrument auszuwählen.
Zu wenigen Musikern passt beispielsweise, regelmäßig ein Blog-Tagebuch zu führen, auch das tägliche Posten von Tweets liegt nicht jedem, Ähnliches gilt für die
Verwendung einer Facebook-Seite. Es ist nicht zielführend, auf x-beliebigen Social-Media-Plattformen ein Profil einzurichten, um die eigene Bekanntheit zu steigern. Solche Aktionen sind blanker Aktionismus und pure Zeitverschwendung. Das
Hauptproblem besteht schließlich darin, die Profile kontinuierlich und möglichst
kreativ mit Inhalten zu füllen. Die meisten Musiker können dafür, was sie posten
sollen, keine Fantasie entwickeln. Dabei gibt es eine weite Spanne an Möglichkeiten. Viele Musiker sind Experten auf ihrem Gebiet, beispielsweise in Sachen Syn-
thesizer, Bogenhaltung, Fotografie etc. Ihr Wissen und ihre Erfahrungen bieten
einen tragfähigen Anlass zum Dialog und die Musiker können sich als Experten
profilieren.

Häufiger ist aber das Problem, dass sich Musiker angesichts der Vielzahl ihrer
Projekte nicht für ein einzelnes Thema entscheiden können. Neben der Wahl des
Kanals gilt es ebenso, eine Auswahl an Themen zu treffen. Unvorteilhaft ist es, mit
zu vielen und zu unterschiedlichen Themen oder Aktivitäten aufzuwarten, was die
Darstellung unpräzise und weniger griffig macht. Sich auf ein Thema festzulegen,
fällt allerdings vielen Musikern schwer. Die Beziehung zum Publikum in sozialen
Netzwerken wird zusätzlich erschwert, wenn Musiker dieselben Informationen
auf unterschiedlichen Kanälen gleichzeitig veröffentlichen, auf Künstlerprofilen

private Banalitäten berichten oder willkürlich, d. h. ohne erkennbaren Bezug zu ihrem Image, YouTube-Videos posten. Um hier vorzubeugen, ist es sinnvoll, Privatperson und Musikerpersönlichkeit klar zu trennen. Wo muss die Grenze gezogen werden?

In sozialen Netzwerken gelten gewisse Verhaltensregeln, sogenannte „Netiketten". Wenn Musiker alle Kontaktanfragen von privaten Freunden und Kollegen oder Fans gleichwertig in das Profil integrieren, wird der Kanal nutzlos. So ist es ganz normal, eine Kontaktanfrage abzulehnen, sollte man die Person nicht kennen oder den freundschaftlichen Kontakt nicht wünschen. Es gibt eine Reihe an Möglichkeiten, in geregeltem Rahmen dennoch den Dialog herzustellen oder anzubieten, z. B. über eine Facebook-Fan-Seite oder per Twitter. Dialogbereitschaft bedeutet nicht, auf private Räume zu verzichten. Der Musiker sollte für den Dialog mit dem Publikum individuelle Regeln für die Beziehung etablieren, die er unter Umständen auch transparent machen muss. Gesetzte Grenzen werden in der Regel respektiert. Von dieser Basis aus können beide Seiten verschieden weit in die Sphäre des anderen vordringen. Andernfalls gibt es auf Social-Media-Plattformen immer auch Möglichkeiten, sich zur Wehr zu setzen. Beispielsweise, indem man eine Person blockiert oder meldet.

Jeder Künstler muss einerseits einen Weg finden, mit Bekannten oder „Freunden" (über ein privates Profil) zu kommunizieren, und andererseits ein stimmiges Musikerprofil entwickeln. Die Beziehung zwischen Publikum und Künstler sollte in jedem Fall eindeutig und konsistent sowie ausschließlich über das Künstlerprofil verlaufen. Für das Veröffentlichen von Inhalten auf den Kanälen im Social Web erwartet das Publikum ähnliches wie vom Künstler auf der Bühne. Um eine wirklich große Zahl von Fans zu organisieren, bedarf es professionellen Community-Buildings und der Unterstützung durch einen Community-Manager. Die perfekte Plattform, das perfekte Forum für die einfache Vergrößerung der Fanbase gibt es genauso wenig wie ein Patentrezept für das Musikerprofil. Vielmehr geht es gerade um ein strategisches Aufbrechen von Verallgemeinerungen.

5.4   Eigenschaften der Beziehung im Social Web

Wie sich die Beziehung zwischen Musikern und Konsumenten verändert hat, zeigt das Beispiel der amerikanischen Singer-Songwriterin Terra Naomi, deren Aufstieg 2006 auf YouTube begann. Dort veröffentlichte sie mit einfachen Mitteln in ihrer Wohnung produzierte Videos als ihre „virtual summer tour" sowie eine große Anzahl von Frage-Antwort-Videos unter dem Titel „Ask a Wanna-be Rockstar"[23]. Darunter befinden sich auch Gitarrenstunden, in denen sie ihren Fans Gitarrengriffe zeigt. Daraufhin kursierten im Internet zahllose Cover-Versionen ihrer Lieder, der Song „Say it´s possible" wurde sogar ins Spanische, Italienische und Chinesische übersetzt. In ihren Videos gibt Terra Naomi den Fans sehr persönliche Einblicke in ihre Person als Künstlerin. Dabei gesteht sie auch offen Schwächen ein, indem sie etwa zugibt, dass sie gerade keine Stimme hat und daher nicht singen kann. Aktuell hat Terra Naomi bei YouTube fast 45.000 Abonnenten und auf Facebook bald 20.000 Fans gesammelt und erreicht damit für ihre Projekte hohe Aufmerksamkeit und Unterstützung. Die Qualität der aufgebauten Beziehung zu ihren Fans wird ablesbar in ihrer Europa-Tour sowie auch dadurch, dass die Fans die Sängerin bei der Finanzierung ihrer CD-Produktionen unterstützen. Auf der Crowdfunding-Plattform pledgemusic.com sind auf diese Weise im Juni 2011 knapp 30.000 Dollar für ihre neue Platte von fast 500 Unterstützern zusammengekommen, die sie kurz darauf unter ihrem eigenen Label veröffentlichte.

Im folgenden Abschnitt werden die wichtigsten Merkmale von Beziehungen, die durch den Wandel der sozialen Netzwerke entstehen, in kurzer Form dargestellt.

5.4.1   Kontrollverlust

Die Angst der Musiker ist groß, mit dem Gebrauch von Social Media jegliche Kontrolle über ihr Image und ihre Musik zu verlieren. Sie fürchten sich zum einen vor schlechter Kritik und zum anderen vor Missbrauch ihrer veröffentlichten Inhalte. Neben massenhaften Downloads ihrer aufwendig produzierten Musik haben sie Bedenken, wo und welche Fotos und Videos von ihnen zu sehen sein werden. Außerdem fürchten sie um ihre Privatsphäre. Feststeht, dass im Netz über die Musiker und ihre Musik geredet wird, ganz unabhängig davon, ob sie selbst im Netz aktiv sind. Effektive Kontrollmöglichkeiten darüber, was im Netz platziert und geschrieben wird, gibt es kaum. Wer nicht präsent ist, weiß erstens nicht, worüber Fans und Kritiker sprechen, und kann zweitens nicht regulierend eingreifen. Daher ist es wichtig, ein Bewusstsein für die Gestaltung des eigenen öffentlichen Bildes im Web zu entwickeln sowie Strategien für einen sicheren, aber effektiven Umgang auszubilden und am Gespräch teilzuhaben. Durch zögerliches Verhalten wird die Chance, Kontrolle über Image und Musik zu behalten, eher verspielt als gewahrt. Wenn Musiker dagegen den Entwicklungen in den meinungsbildenden sozialen Medien rechtzeitig Aufmerksamkeit schenken, können sie unmittelbar bzw. flexibel darauf reagieren. Hierfür ist Monitoring notwendig.

Darüber hinaus ist das Potenzial, angefangen beim aktiven Teilen bis hin zu kreativitätsfördernden Social-Media-Marketingaktionen wie Remix-Wettbewerben, besonders positiv zu bewerten: Ein höherer Grad an Identifikation lässt sich nicht dadurch erreichen, dass der Kunde in das Musikprojekt miteinbezogen wird. Das Publikum weiß es zu danken, indem es das Erlebnis oder die Eigenkreation Freunden weiterempfiehlt. Heute kann jeder Fan zum „Markenbotschafter" werden.

5.4.2   Transparenz

In den schnelllebigen Kommunikationsmedien Facebook, Twitter & Co. werden die Halbwertszeiten von Marketingkampagnen immer kürzer. Angesichts der Maßgabe, in Social Media und sozialen Netzwerken mit der Zielgruppe auf Augenhöhe kommunizieren zu wollen, wirkt die Bezeichnung „Kampagne" eher unpassend. Besonders in ihrer ursprünglichen Bedeutung eines „Feldzuges" fällt es schwer, sich darunter eine dialogorientierte Maßnahme im Rahmen eines seriösen, auf Kontinuität angelegten Marketings vorzustellen. In einem „Feldzug" werden Menschen besiegt, indem man sie überredet, übers Ohr haut oder kurzfristig ein „Versprechen" gibt, dass nicht gehalten wird. Eben dies ergibt keinerlei Sinn aus Sicht einer langfristig angelegten Marketingstrategie. Denn wer nachhaltig überzeugen will, muss sein Thema nicht nur ernsthaft vertreten, sondern sich auch auf Augenhöhe mit seinen Dialogpartnern begeben. Das erfordert vor allem Transparenz.

Viele Musiker haben große Scheu davor, ihre Ideen und Aktivitäten preiszugeben. Wie das Beispiel Terra Naomi zeigt, lohnt es in vielen Fällen, eine enge Beziehung zum Publikum aufzubauen, indem das Publikum am professionellen Künstlerleben teilhat. Darüber hinaus sollten Musiker keine Scheu haben, Ideen zu ihren Werken oder ihren Workflow offenzulegen. Nicht zuletzt liegt im Feedback eine wertvolle Quelle für Inspiration. Transparenz öffnet einen Raum, um das eigene Tun anders zu denken und durch Interessierte im Web kommentieren zu lassen. Ein weiteres Beispiel dafür ist ein Beitrag über die erfolgreichen Berliner Künstler der Elektronik-Band Bodi Bill, die authentisch und entwaffnend zugleich offenlegen, dass sie mit dem Verkauf ihrer Musik kaum ihren Lebensunterhalt bestreiten können. Einerseits sensibilisieren sie damit ihr Publikum für die Wertschätzung ihrer Musik und wecken darüber hinaus Sympathien.[24]

5.4.3   Authentizität

Musiker werden heute mehr und mehr an der Differenz zwischen dem kommunizierten Künstlerimage und ihrem realen Handeln gemessen. Nur wenn beides Hand in Hand geht, wird eine Künstlerpersönlichkeit als widerspruchsfrei, glaubwürdig und authentisch wahrgenommen. In den neuen Medien ist Authentizität Anspruch und Aufgabe zugleich, denn hier wird das Handeln des Künstlers besonders gut sichtbar. Dass gelungene Authentizität nicht „privat" oder persönliches Abbild bedeutet, vielmehr konsistente Handlung und Kommunikation, zeigt die Band Bonaparte. Die Künstlergruppe um den Schweizer Tobias Jundt spielt elektronische Punkmusik und kombiniert dies mit einer ausgefallenen, zirkusartigen Bühnenshow. Gleichzeitig sind die Texte philosophisch und gesellschaftskritisch angehaucht. Diese bunte Zusammensetzung setzt sich auch im Social Web fort, wo Ankündigungen wie „we have just answered 174 consecutive questions with "NO"." gepostet werden – ganz in der Tradition ihres größten Erfolgssongs „Anti Anti".[25]

5.4.4 Ethik

Die zunehmende „Vermenschlichung" der Künstler verlangt, dass im kommunikativen Verhalten eine Art „Ethik" deutlich wird. Hierzu zählen das Engagement für bestimmte Werte und soziale Aktionen. Die besondere Bedeutung einer Ethik besteht darin, dass sie einen Halte- und Bezugspunkt für die Kommunikation darstellt und Perspektiven für weitere Entwicklung anbietet. Ein halbherzig verfolgtes Engagement wird vom Publikum leicht als eine platte Werbemaßnahme entlarvt und die Wirkung schlägt ins Negative um. Ein gutes Beispiel für ein ernst genommenes Künstler-Engagement findet sich bei der Sängerin Zoe Leela, die sich für Creative Commons Lizenzen einsetzt (vgl. Fallbeispiel der Solokünstlerin Zoe Leela im Teil C). Dies beschert ihr eine hohe öffentliche Aufmerksamkeit im Zusammenhang mit den Herausforderungen, die sich rund um die Urheber- und Verwertungsrechte und das Internet ergeben.

5.4.5 Vertrauen

Viele Musiker erleben digitale Kommunikationsmedien als defizitär gegenüber der realen Welt und schätzen daher Kontakte in dieser Sphäre gering. Das überträgt sich auf die Dialogpartner und macht den Aufbau einer langfristigen und tragfähigen Beziehung unmöglich. Dialogpartner wollen – auch im Social Web – ernst genommen werden. Schließlich steht mit dem Vertrauen in die Künstlerperson auch die Wertschätzung der Musik auf dem Spiel. Die Art der Vertrauensbildung hat sich mit den Social Media grundlegend geändert. Vertrauen basiert hauptsächlich auf „Nähe" und persönlicher Interaktion. Einige Social-Media-Anwendungen scheinen ein probates Mittel hierfür zu sein. Werden Social Networking und Social Media mit realen Events konsequent verknüpft, ist eine wechselseitige Beeinflussung schnell positiv zu bemerken. Neben der virtuellen Community bildet sich eine regionale heraus. Es werden eine gemeinsame Identität, Verbindungen, Vertrauen und Fürsprecher geschaffen.

Alle hier vorgestellten Punkte sind wie Mitglieder eines Ensembles. Die Instrumente des Social Web müssen beherrscht werden, um im Internet mitspielen zu können. Damit das Ensemble gut klingt, muss alles harmonieren, sonst „klappert" es. Einzelne Experimente im Social Web ähneln Etüden. Erst wenn sie wie von selbst ablaufen, verfügt man über Meisterschaft.

5.5 Risiken und Nebenwirkungen

Auf dem Weg zu einer tragfähigen Beziehung über Social Media sind viele Hürden zu nehmen. Ein Faktor ist neben den technischen Voraussetzungen der Mangel an Zeit. Da Musiker per se Selbständige sind und sich ihr Job nicht nach allgemeinen Bürozeiten richtet oder mit Ladenschluss endet, reagieren Musiker besonders dünnhäutig bezüglich jeder Art von Zusatzanforderungen. Anfragen und Diskussionen sind für sie zeitlich nicht kalkulierbar. Darüber hinaus stellen Komplexität und die daraus resultierende mangelnde Transparenz ein Problem für sie dar. Oft werden Fakten mit Halbwahrheiten oder gar Unwissen vermischt – kein Wunder freilich bei derartig vielschichtigen Phänomenen, wie es die neuartigen Kommunikationskanäle sind. Ohne Zweifel werfen Web-2.0-Plattformen, Facebook, Twitter etc. mit ihrer ungewohnten Mischung aus Öffentlichem und Privatem zahlreiche Probleme auf. Aber bedeutende Innovationen der Vergangenheit (Schrift, Buchdruck, Elektrizität) bedingten oft vergleichbare Umwälzungen. Sobald sich der Musiker in das Netz hineinbegibt – und das sollte er! – muss er auch verstehen lernen, wie es funktioniert und wie er es effektiv nutzen kann. An diese neuen Möglichkeiten mit den alten Erwartungen gegenüber den herkömmlichen Medien heranzugehen, führt jedoch oft zu Frust und Enttäuschung. Darum gilt es, die Besonderheiten und Stärken der neuen Medien in Augenschein zu nehmen.

Fest steht, der Musiker, der sich nicht mit den aktuellen Entwicklungen befasst und nicht den Dialog lernt, riskiert, überrollt zu werden. Zudem verpassen hartnäckige Social-Media-Ignoranten potenzielle Chancen. Denn richtig eingesetzt, leistet das Social Web mit wenig Aufwand sehr viel. Wer monologisiert, statt in Dialog zu treten, und seine Aktivitäten auf das Ankündigen von Konzerten reduziert, gibt Schritt für Schritt die Zügel aus der Hand. Auf der anderen Seite existiert die Gefahr der übertriebenen Euphorie. Wer sich vom aktuellen Social-Media-Hype anstecken und zu blindem Aktionismus verleiten lässt, dem drohen Misserfolg und vielleicht sogar Imageschaden mangels ausgewogener Wahl der kommunikativen Instrumente. Während der Skeptiker mehr und mehr den Anschluss und den Überblick verliert, verrennt sich der Euphoriker in Schnellschüssen, indem er überhastet und ohne Effizienz mit viele Präsenzen im Web eröffnet, die er nicht langfristig mit Leben füllen kann. Aufwand und Nutzen müssen im Vorfeld möglichst sorgfältig abgewogen werden.

5.6   Distanz: out/Dialog: in

Dass „Nähe" heutzutage einen entscheidenden Teil des Markenwertes ausmacht, darüber besteht Einigkeit unter Branding-Experten. Für die Marke gilt: „Je näher ich der Marke bin, desto eher erlebe ich sie als meine Marke". Noch weniger als Markenprodukte funktioniert Musik heute über Distanz, sondern mehr und mehr über soziale Plattformen. Dabei drückt sich die „Nähe" vor allem über den Dialog auf Augenhöhe im Social Web aus. Diese Form der Kommunikation zwischen Künstler und Publikum im Social Web wird als soziales Verhalten wahrgenommen und bewertet. Für die Art der Beziehung ist dabei das Interesse des Publikums an der Musik verantwortlich, das durch transparente, authentische Kommunikation und durch Gestaltung von Erlebniswelten intensiviert werden kann. Wie einige Beispiele zeigen, hängt die Art der „Nähe" nicht vom Musikstil ab, vielmehr ist sie eine Frage der Disposition im Sinne der inneren Bereitschaft zur Nutzung von sozialen Netzwerken und zur Kommunikation.

Viele Experten sehen in der Zukunft der Künstlermarken hauptsächlich eine Verstärkung der jetzigen Entwicklungen. Somit wird die Erfordernis von Dynamik, Ehrlichkeit, Transparenz, Authentizität, Kontinuität und Notwendigkeit der Kommunikation von Künstlern in den nächsten Jahren noch deutlich höher sein. Aber was ist angesichts dieses Wandels bloß aus der Faszination am „unerreichbaren", mystisch verklärten Künstler geworden? Was fasziniert heute an der „Nähe"? Grundsätzlich kann man nicht von einer Gefährdung der „Mystik" durch Social Media sprechen. Die „Mystik" machen schließlich „die Geschichten drum herum" aus. Gerade diese Geschichten lassen sich mittels sozialer Medien gut, weit und schnell verbreiten.

Um trotzdem nicht Gefahr zu laufen, dem eigenen Image durch den Gebrauch von Social Media zu schaden, müssen sich Musiker vorab darüber im Klaren sein, wie sie ihr Künstlerprofil gestalten und wie sie es kommunizieren wollen. Der Trugschluss vieler Musiker, dass sie „Mystik" erzeugen, indem sie ihr Publikum in unregelmäßigen Abständen mit Informationen versorgen, geht an der Logik der Social-Media-Kommunikation vorbei. Um den spannungsgeladenen Effekt wie früher zu erzeugen, müsste der gleiche Aufwand für die Herstellung des Inhaltes betrieben werden, was allerdings ein zu hohes Risiko darstellt. Wenn man sich dagegen die Kommunikation der Stars anschaut, scheint die Distanz zum Künstler nicht mehr die entscheidende Rolle beim Aufbau eines Künstlerimages zu spielen. Im Gegenteil: Transparenz und Authentizität sind zu tragenden Säulen geworden.

Aufgrund der kurzen Informationsperioden durch Social Media ist eine Form der „Mystifizierung" einer Marke durch Distanz heute schwerer zu erreichen und deshalb auch seltener der Fall und eher die Ausnahme. Sie ist eine hohe Kunst, braucht viel Erfahrung und ist mit sehr viel Aufwand verbunden. Musiker sollten schnell umdenken und mit den aktuellen Medien zu experimentieren anfangen! Statt einer kommunikationsarmen „Künstler-Mystik" anzuhängen, macht es mehr Sinn, den Fokus auf die Etablierung einer kommunikativen „Künstler-Ethik" zu lenken, wie das Beispiel Zoe Leela zeigt.

Dieser Artikel soll Orientierung in der aktuellen Umbruchssituation stiften. Für Musiker sollte es darum gehen, das Social Web langfristig und nachhaltig in das eigene Marketing und auch in den ganz persönlichen Arbeitsalltag zu integrieren. Dem Musiker sei empfohlen, dass er sich mit den Instrumenten durch eigene Praxis im Umgang mit den unterschiedlichen Plattformen auseinander setzt. Meine persönliche Erfahrung ist: Das Ganze macht zudem einfach Spaß und bereichert das Leben.

B   Praktische Umsetzung: Konzeption

Der Zertifikatskurs „DigiMediaL – Strategisches Musikmarketing im Internet" ist eine entscheidende Quelle für die Themenauswahl und gleichzeitig auch Inspiration und Motivation für das vorliegende Buch. Der folgende Text stellt das Konzept hinter DigiMediaL, die Inhalte und die Erfahrungen vor, die gemeinsam mit den teilnehmenden Musikern aus der mittlerweile dreijährigen Projektphase gemacht wurden. Er bietet damit nicht nur für Musiker einen Überblick, sondern auch Anhaltspunkte für alle an der Konzeption von Weiterbildungsmaßnahmen Interessierte. Kernstück des Zertifikatskurses ist ein dynamisch angelegtes Konzept, bei dem die Kursgestaltung an die jeweiligen Bedarfe der Teilnehmenden der jeweiligen Durchgänge und an die aktuellsten Entwicklungen in Musikwirtschaft und Marketing angepasst wird. Dadurch werden die thematische Breite sowie die Vermittlungsmethoden stetig ausgebaut und somit das Curriculum iterativ weiterentwickelt. Den Erfolg belegen nicht nur die ausgesprochen positiven Reaktionen der Teilnehmenden, sondern auch eine lange Reihe an Marketingerfolgen bei den ehemaligen Teilnehmern.

1 Weiterbildungskonzept DigiMediaL – Handlungsempfehlungen für das strategische Musikmarketing im Internet

(Matthias Krebs)

1.1 Hintergrund und Motivation zur Konzeption von DigiMediaL

Die Musikindustrie vollzieht mit dem Digitalisierungsprozess einen radikalen Wandel. Die alten Strukturen und Wertschöpfungsketten der großen Major-Labels greifen oft nicht mehr, wie der massive Abbau von Personalstellen, das schrumpfende Künstlerrepertoire[26] oder die Statistiken über stark sinkende CD-Verkäufe offenbaren. Doch die Entwicklung der neuen digitalen Vermarktungsalternativen ging diffus und unvorhersehbar vonstatten, so dass sich häufig nur First Mover erfolgreich positionieren und kurzfristig enormes Potenzial versprechen, doch bei Nachahmern kaum dieselbe Wirkung entfacht wird.

Durch die Digitalisierung von Produktion, Kommunikation und Distribution kann von einer Demokratisierung des Marktzugangs gesprochen werden. Durch den Wegfall von Schranken entsteht ein Überangebot. Um aufzufallen, braucht es dominante Marken, eine hohe Marktpenetration und Ausdauer. Die großen Unternehmen der Musikbranche investieren daher nur noch in wenige erfolgsversprechende Top-Acts wie Madonna, Jamie Cullum oder Kanye West. Aber mindestens genauso wichtig werden die Kontakte zwischen Menschen, wie die steigende Bedeutung sozialer Netzwerke im Internet zeigt. Herausforderung ist es daher für Künstler, feste Beziehungen zu ihren Fans aufzubauen, um sie als Unterstützer zu gewinnen. Das ist nur individuell durchführbar und zeitintensiv. Es erfordert vom Künstler, selbst aktiv im Aufbau der Künstler-Fan-Beziehung zu werden und diese auch selbst aktiv zu monetarisieren. Neue digitale Dienste und Tools bieten dafür inzwischen eine Bandbreite neuer Möglichkeiten an, mit der es kreativ umzugehen gilt. Denn hier gibt es keinen automatischen Erfolgsmechanismus.

Die Entscheidung, was eine Musikproduktion oder ein Musikprojekt wert ist, liegt heute in der Hand der Nutzer. Viele Musiker und Labels müssen ihre Rolle in dieser veränderten Medienwelt erst noch finden. Dabei bietet die Vernetzung mit den Usern viele spannende Möglichkeiten. Vor allem für Self-Publisher wird das

Internet so zur Veröffentlichungs-, Marketing- und Finanzierungsplattform zugleich. Doch gibt es hier wenig Experten oder Erfahrungen. Der Musiker muss sich selbst auf den Weg begeben und mit Unterstützung eines sinnvoll zusammengestellten Netzwerkes das für ihn passende Modell finden.

Wer das Social Web samt seiner Technologien kennt, sowie deren Zusammenhänge und Chancen begreift, kann am Wandlungsprozess hin zur digitalen Musikwirtschaft mitgestalten. Schließlich öffnen sich für Musiker und ihre Musik damit neue Möglichkeitsräume. Voraussetzung für die Antizipation dieses Prozesses ist, Digitalisierung nicht als Bedrohung, sondern als Chance zu begreifen. Ermöglicht sie doch eine selbständige Produktion, Publikation und Kommunikation ihrer Musik mit geringeren finanziellen Mitteln als jemals zuvor.

An der Universität der Künste Berlin haben sich Experten aus Musik und Marketing zusammengefunden, um auf den Professionalisierungsbedarf an der Schnittstelle von Musik und Internet zu reagieren. Unter der Leitung von Prof. Thomas Schildhauer ist 2007 eine Arbeitsgruppe am Zentralinstitut für Weiterbildung (ZIW) der Universität der Künste in Berlin ins Leben gerufen worden, die die Wissensstände und die Bedarfe von Musikern zum Musikmarketing analysiert hat. Daraus wurde ein Format entwickelt, das kontinuierlich aktuelle Entwicklungen im Musikmarketing aufnimmt und in ein Kursprogramm mit dem Namen DigiMediaL integriert. Gleichzeitig ist DigiMediaL ein erfolgreiches Lehrforschungsprojekt, in dem verschiedene Vermittlungsformate erprobt wurden und deren Erkenntnisse sich am Zentralinstitut für Weiterbildung bewährt haben. So wird mit dem Zertifikatskurs ein Curriculum entwickelt, erprobt und umgesetzt, mit dem Musiker auf die Herausforderungen der digitalen Musikwirtschaft vorbereitet werden und die Potenziale des digitalen Netzes verstehen und effizient nutzen lernen.

Die auf drei Monate angelegte Qualifizierung „DigiMediaL – Strategisches Musikmarketing im Internet" vermittelt Musikern strategische Kenntnisse zum Musikmarketing und versetzt diese in die Lage, eigenständig Web-2.0-Strategien zur Vermarktung von Musik zu entwickeln. In der Qualifizierung wird neben der Vermittlung strategischer Grundlagen ein besonderes Augenmerk auf die individuelle Erarbeitung maßgeschneiderter Web-2.0-Strategien gelegt.

Der Zertifikatskurs richtet sich an Berliner Musiker aller Genres und jeglicher beruflicher Herkunft. Insbesondere Musiker mit klassischem Hintergrund, die den digitalen Medien besonders fern sind, sollen im Rahmen des universitären Weiterbildungsangebots von DigiMediaL mit den digitalen Medien in Kontakt gebracht werden, um die damit einhergehenden neuen, im Musikmarkt immer wichtiger werdenden Digitalisierungsprozesse und Vertriebskanäle kennenzulernen und kreativ wie wirtschaftlich erfolgreich einsetzen zu können. Abb. 1 vermittelt einen Eindruck vom Kursgeschehen während der Projektarbeit.

Um ein entsprechendes Weiterbildungsangebot ermöglichen zu können, hat die Universität der Künste Berlin mit Unterstützung aus dem Europäischen Fonds für Regionale Entwicklung (EFRE) die dafür benötigte infrastrukturelle Grundlage geschaffen und ein Multimedialehrlabor errichtet. Daran anknüpfend konnten

Abb. 1: Teilnehmende diskutieren Marketingansätze ihrer Musikprojekte in Gruppenarbeit (Foto: Jennifer Uhlenbrok)

bisher insgesamt sieben Durchgänge mit Hilfe einer Kofinanzierung der Senatskanzlei – Kulturelle Angelegenheiten mit EFRE- und ESF-Mitteln durchgeführt werden.

1.2   Ziele des Weiterbildungskonzepts DigiMediaL

Das Zertifikatskursangebot DigiMediaL zielt darauf ab, professionellen Musikern, die in Berlin ansässig sind, mit gezielten Qualifizierungsmaßnahmen über das musikalische Fachwissen hinausgehende Kompetenzen zu vermitteln. Dadurch können sie sich mit ihren kreativen Produkten erfolgreich und auch aus ökonomischer Sicht gewinnbringend auf dem kreativwirtschaftlichen Markt behaupten. Die Zielgruppe, bestehend aus an Weiterbildung interessierten Musikern und Komponisten, ist aus dem Bereich zwischen Klassik über Rock-Pop bis hin zu Musikern aus dem Elektronik-Bereich breit aufgefächert. Da sich bei diesen verschiedenartigen Musikrichtungen und Ausbildungswegen beim Thema Selbstmarketing ein gemeinsamer Schnittpunkt bildet, profitieren die Musiker auch aus den ferneren Bereichen.

Durch Kenntnisse auf dem Gebiet der digitalen Medien soll das Innovationspotenzial gesteigert und eine noch höhere Vielfalt der musikalischen Produkte erreicht werden. Im Detail wird angestrebt, die Musiker zu befähigen, strukturierte, zielführende Marketingaktivitäten und innovative Geschäftsmodelle zu entwickeln.

Zielstellung für die berufliche Nutzung des Internets sind Kenntnisse zur Veröffentlichung von relevanten Inhalten, zum Kontakt- und zum Wissensmanagement, die am eigenen Musikprojekt eingeübt und umgesetzt werden. Eine entscheidende Rolle spielt hierbei auch der zeitlich effektive Umgang mit Marketingwerkzeugen, da das Musizieren der Schwerpunkt im Berufsalltag der Musiker ist.

Musiker sind heute überwiegend Selbständige. Mit Kenntnissen zum strategischen Musikmarketing im Internet werden die Teilnehmenden mit ihren Musikprojekten im Internet nicht zuletzt klarer wahrnehmbar, besser vernetzt und mit Wissen über die Strukturen befähigt, ihre Aktivitäten im digitalen Musikmarkt auch selbständig weiter auszubauen. Dafür ist ein Kontaktnetzwerk zu Spezialisten unabdingbar. Bei DigiMediaL wird daher ein Überblick über die notwendigen Maßnahmen vermittelt, um bestimmte Teilaufgaben bewusst auch an Agenturen abgeben zu können und dabei eine Entscheidungs- und Verhandlungsbasis bei der Zusammenarbeit zu haben.

1.3   Kursgestaltung und Inhalte

Um den Zielen des Lehrforschungsprojekts gerecht zu werden, ist ein Curriculum erarbeitet worden, dass in fünf Themenbereichen einen umfassenden Einstieg in die wichtigsten Felder des strategischen Musikmarketings im Internet bietet. Für eine effiziente Wissensvermittlung werden die Inhalte in sechs unterschiedlichen Formaten der Kursgestaltung vermittelt und somit aus verschiedenen Perspektiven beleuchtet.

In einem iterativen Entwicklungsprozess werden die Inhalte des Zertifikatskurses in engem Kontakt zu Teilnehmenden, den Lehrenden sowie den aktuellen Entwicklungen im Internet ständig weiterentwickelt. Die daraus resultierende dynamische Struktur des Weiterbildungsangebots hat sich in Bezug auf den Ausbau von Kursinhalt, Kursvermittlung und Organisation als sehr erfolgreich erwiesen. Dies belegen sowohl die Abschlussbefragungen der Kursdurchgänge als auch eine Reihe erster Marketingerfolge der Teilnehmenden, die wiederum teilweise selbst als Fallbeispiele Einzug in die Lehrinhalte von DigiMediaL halten.

Entscheidende Grundlage für die Entwicklung des Zertifikatskurses DigiMediaL ist eine Pilotphase, in der 17 Musiker erfolgreich weitergebildet wurden (Oktober 2009 bis Januar 2010). Gleichzeitig wurde diese Phase auch als ein „Versuchsaufbau" genutzt, bei dem Erwartungen, Nutzungsweisen und Fähigkeiten der Teilnehmenden sowie das Experimentieren mit Vermittlungsformen und der dynamischen Gestaltung des Curriculums untersucht und dokumentiert werden konnten.

1.3.1   Die fünf Themenbereiche

Die zentralen Themenbereiche des angepassten Curriculums für DigiMediaL ergeben sich aus den Lehrerfahrungen des ZIW zum Thema Online-Musikmarketing sowie durch die Anforderungen aus der Praxis von Entscheidern in der Musikindustrie. Darüber hinaus findet eine fortwährende Optimierung des Curriculums anhand der Musiker statt, die auf Grundlage einer offen angelegten Befragung die Erwartungen und Bedarfe der teilnehmenden Musiker einbezieht. Die vielen verschiedenen Themen und Fragestellungen der teilnehmenden Musiker werden zur Orientierung folgenden fünf Themenbereichen zugeordnet.

Musikwirtschaft

Der Musikmarkt lässt sich in unterschiedliche wirtschaftliche Teilbereiche aufgliedern. Damit der Zertifikatskurs dazu anregen kann, kreativ über bestehende und neue Erlösquellen nachzudenken, ist es notwendig, dass die Musiker die Grundzüge der Musikwirtschaft kennen. Ziel ist es im Rahmen von DigiMediaL, einen Überblick über die Player im Markt und deren wirtschaftliche Beziehungen zu vermitteln. Dies betrifft auf der einen Seite Akteure der Musikwirtschaft wie Labels, Verlage, Agenturen, Konzertveranstalter und Medien und auf der anderen Seite Urheber- und Vertragsrecht, Verwertungsgesellschaften wie GEMA und GVL sowie die Bedingungen der Verwertung. Zu diesen klassischen Erlösquellen kommen Geschäftsmodelle aus dem Online-Bereich hinzu.

Marketing

Im Rahmen von DigiMediaL werden Musikern die Grundlagen des strategischen Marketings nähergebracht und an musikbezogenen Beispielen veranschaulicht. Hierbei richtet sich der Fokus auf das Erlernen eines konsequenten und systematischen Weges von der Definition der Ziele bis zu den konkreten Marketingmaßnahmen. Die komplexen Schritte der Konzeption werden anhand zahlreicher praxiserprobter Ansätze aus der Musikbranche verdeutlicht sowie in Form von Gruppenprojekten für verschiedene Fallbeispiele erprobt und vertieft.

Selbstmarketing

Das Wissen um Selbstvermarktungsstrategien stärkt die unternehmerische Initiative der Musiker und ihre wirtschaftliche Kenntnis. Im Themenbereich Selbstmarketing lernen sie, ihr künstlerisches Selbstverständnis kritisch zu hinterfragen, damit sie ein konsistentes Künstlerprofil entwickeln und vom Konsumenten als glaubwürdiger Kommunikationspartner wahrgenommen werden. Dieser Prozess muss behutsam unterstützt werden, da damit eine Veränderung der eigenen Persönlichkeit einher geht. Indem die Musiker ihr eigenes Künstlerprofil und klare Alleinstellungsmerkmale herausarbeiten, können sie sich nicht zuletzt selbst in systematischen Parametern überprüfen. Ergebnisse sind eine optimierte Profilbildung und ein nachhaltiger Aufbau eines Publikums.

Web 2.0 & Social Media

Das Ziel dieses Themenbereichs ist es, den Teilnehmenden das praktische Handwerkzeug für den Umgang mit digitalen Instrumenten und Anwendungen zu vermitteln – Weblogs oder Microblogging-Dienste wie Twitter, Social Network Services wie Facebook, Widgets bis hin zu Musikempfehlungssystemen wie Last. fm und weitere Social-Softwaredienste. Alle gelehrten Anwendungen weisen einen deutlichen Bezug zur Musik auf. Da davon auszugehen ist, dass sich relevante Anwendungen zukünftig in immer kürzeren Zyklen weiterentwickeln werden und ständig neue hinzukommen, ist es notwendig, den Teilnehmenden keine Fertigkeiten im Sinne einer Bedienung von ausgewählten Diensten, sondern eine übertragbare und erweiterbare Handlungskompetenz zu vermitteln, die sich auf die Eigenschaften prototypischer Dienste konzentriert. Zur effizienten Nutzung sind aber auch Kenntnisse zur Automatisierung und zur Filterung sinnvoll. Dazu gehört, dass die Musiker Stärken und Schwächen der unterschiedlichen Online-Plattformen kennen lernen, um aus der Vielzahl von Kanälen schließlich den individuell passenden herauszufinden. Weitere Themen sind: Kommunikationstechniken, Kontaktmanagement, Online-Texte sowie Brand-Monitoring.

Medienrecht

Der Wandel im Umgang mit Medien führt zu einer Neudefinition des Urheberrechtes. Daher setzt der Themenbereich Medienrecht die Musiker über ihre Rechte als Künstler in Kenntnis. Sie sollen ihre Möglichkeiten nutzen und durch die Kenntnis ihrer Rechte aber auch Pflichten, potenzielle Rechtskonflikte einschätzen und vermeiden können. Die Musiker erfahren dabei auch, wie sie ihr geistiges digitales Eigentum schützen und welche urheber- und medienrechtlichen Gesetze sie selbst im Internet zu beachten haben. Ein wichtiger Schwerpunkt liegt im Internetrecht. Hierbei werden den Teilnehmenden die rechtlichen Aspekte des E-Commerce, der Webseite (Inhaltprüfung, Link- und Forenhaftung, Impressum etc.) und das Domainrecht vermittelt.

1.3.2   Die sechs Formate der Wissensvermittlung

Auf sogenannte „frontale" Unterrichtsformen wird im Weiterbildungskurs weitgehend verzichtet. Es gilt, eine Lernsituation zu schaffen, die praxisnah ist, den Kontakt zwischen den Teilnehmenden intensiviert, das Lernen vom jeweils anderen ermöglicht und die Musiker zielgruppengerecht aus dem beruflichen Alltag abholt. Leitgedanke für die unterschiedlichen Vermittlungsformen ist der Dialog zwischen Teilnehmenden und Lehrenden. Die verschiedenen Formate der Wissensvermittlung, die neben Seminaren, Übungen und Workshops auch Expertenforen, Konzeptpräsentationen der Teilnehmer oder Coachings beinhalten, bieten eine methodisch abwechslungsreiche Grundlage, um die Themenbereiche aus unterschiedlichsten Blickwinkeln effektiv zu bearbeiten. Abb. 2 zeigt eine Kurssituation mit einem knappen Impulsreferat zu Beginn einer Themeneinheit.

Der Anspruch, einen breiten Überblick sowie daraus spezifische Problemstellungen aus dem Erfahrungsbereich der Musiker zu thematisieren, wird im Format des Expertenforums auf besondere Art und Weise entsprochen. Der Veranstaltungstag ist in zwei Teile aufgeteilt und es werden insgesamt sechs Experten eingeladen, die jeweils einen thematischen Impuls unter der Überschrift „Die Zukunft der Musikindustrie" zu Spezialthemen liefern. Anschließend besprechen die teilneh-

Abb. 2: Ein DigiMediaL-Seminar am Zentralinstitut für Weiterbildung der Universität der Künste Berlin (Foto: Jennifer Uhlenbrok)

menden Musiker die Themenimpulse mit einem Experten in kleinen Diskussionsgruppen. Dabei nehmen die Experten auch zueinander Stellung und ergänzen sich. Auf diese Weise findet eine effektive Auseinandersetzung mit den Themen statt. Im abschließenden Podiumsgespräch werden schließlich themenübergreifend zentrale Fragen zur Zukunft des Musikmarktes diskutiert.

Weiterhin bietet die Digitale Lounge an drei Abenden Raum für Interdisziplinarität, Kreativität, Kontakte, musikalische Projekte sowie die Vernetzung von Musikern und Akteuren aus der digitalen Musikszene, Experten aus der Musikindustrie und den Teilnehmenden untereinander. Ausgangspunkt für die Gespräche sind Präsentationen der Musiker, in denen sie die eigenen Marketingkonzeptionen zur Diskussion stellen. Abgerundet wird dieses Angebot durch ein individuelles Coachingangebot. Dazu erhält jeder Teilnehmende zwei Coachingtermine mit von ihm ausgewählten Experten.

1.3.3 Die Rolle des wissenschaftlichen Mitarbeiters im Lehrforschungsprojekt DigiMediaL

Ein Weiterbildungsangebot zu garantieren, das an den berufspraktischen sowie methodischen Bedarf der teilnehmenden Musiker, an die Entwicklungen der digitalen Kommunikation sowie des Musikbusiness optimal angepasst ist, ist ein hoher Anspruch, dem sich das ZIW selbst verpflichtet. Zur inhaltlichen Vorbereitung, Strukturierung und didaktischen Konzeption eines solchen Kursangebots hat sich eine wissenschaftliche Mitarbeiterstelle überaus bewährt. Der zuständige Mitarbeiter entwickelt den Weiterbildungskurs, aufbauend auf Erkenntnissen aus

Analysen, Interviews mit Experten, Forschung und regelmäßigen Teilnehmerevaluationen, in einem iterativen Prozess weiter. Gleichzeitig ist er eine Vermittlungsperson und Ansprechpartner sowohl für die teilnehmenden Musiker als auch für die Lehrenden des Kurses. Dafür hat es sich als sinnvoll erwiesen, die Teilnehmenden in kurzen Perioden mittels eines knappen Fragebogens um ein Feedback zu bitten. Es werden sowohl Eindrücke und die wichtigsten Inhalte jeder einzelnen Sitzung als auch Themenwünsche und Fragen erfasst. Dadurch können Inhalte noch während des Durchgangs weiter angepasst sowie neue Themen bedarfsorientiert vorbereitet werden. Außerdem wird das Feedback an den Lehrenden übermittelt und Erkenntnisse auch zur Vorbereitung folgender Veranstaltungen genutzt. Dabei entwickelt sich sowohl die methodische Ausgestaltung als auch das Themenspektrum des Zertifikatskurses stetig weiter. Einige Ergebnisse dieses Prozesses werden in regelmäßigen Abständen in Form von Skripten frei für alle im Internet suchenden Musiker veröffentlicht.

1.4   Erfahrungen aus den Kursdurchgängen

Die bisherigen Kursdurchgänge DigiMediaL haben sich als ebenso lehrreich für die teilnehmenden Musiker wie fruchtbar bezüglich der Weiterentwicklung des Lehrangebots erwiesen.

Eine Herausforderung für die Kursgestaltung stellt neben den breit gelagerten Musikstilen der Musiker die starke Heterogenität dar, die durch unterschiedliche Vorerfahrungen mit Marketing und Social Media, die künstlerische Laufbahn und die individuellen Wissensbedarfe geprägt ist. Die Einzigartigkeit der Teilnehmer in ihrer beruflichen wie geschlechts-, alters- oder herkunftsspezifischen Verschiedenheit spielt hier auch eine tragende Rolle. Wie mit diesen Aspekten von Diversität in einem Weiterbildungsangebot für Musiker umgegangen werden kann, wird im folgenden Kapitel erläutert. Um für alle Teilnehmenden ein nutzbringendes Angebot zu schaffen, wird daher versucht, thematische Schnittstellen zu finden, von denen aus systematisch Kenntnisse zu den Kursthemen vermittelt, ausgebaut und an den individuellen Musikprojekten erprobt werden können.

Im Kurs erarbeiten die Teilnehmenden zu Beginn in Gruppen Marketingkonzepte für eine Reihe von Fallbeispielen, die aus unterschiedlichen Musikrichtungen stammen. Dabei hat sich herausgestellt, dass es hinderlich ist, wenn in der Anfangsphase des Kurses dafür Musikprojekte von teilnehmenden Musikern genutzt werden. Bei dieser Übung geht es um ein Umdenken, der Abstand zum Übungsprojekt fällt den Teilnehmern hier oftmals schwer, die Teilnehmer verlieren sich in ihren eigenen Projekten. Wenn jedoch Projekte bearbeitet werden, die im stilistischen Gegensatz zum eigenen musikalischen Schaffen stehen, findet eine viel differenziertere Auseinandersetzung mit den marktstrategischen Besonderheiten statt, die im Fokus der Übung stehen. Auf Grundlage der aus den Fallbeispielen gewonnenen Erfahrungen der Teilnehmenden sowie mithilfe der Hinweise von Experten aus der Wirtschaft in Form von Seminaren und Hands-on-Übungen werden im zweiten Teil der Kursphase aussagekräftige Musikerprofile und individuelle Marketingstrategien für die eigenen Musikprojekte entwickelt. Um auch hier einen Blick von außen in die Entwicklung einzubeziehen, stellen die Teilnehmenden ihre Konzepte in einer moderierten Vorstellungsrunde der Teilnehmergruppe und im Expertenkreis in regelmäßigen Abständen zur Diskussion. Auch hierbei trägt die heterogene Zusammensetzung der Teilnehmerrunde zu dem geschätzten Austausch mit vielen nützlichen Anregungen bei.

Ein weiterer Schnittpunkt zwischen den teilnehmenden Musikern betrifft die weitverbreitete Überzeugung, dass die Mehrzahl nicht auf einen Majordeal hinarbeitet und auf den „großen Durchbruch" hofft, sondern vielmehr das eigene Potenzial wahrnimmt und selbst mit innovativen Marketingstrategien in Aktion tritt. Die Qualifizierung vermittelt Musikern Kenntnisse und Fähigkeiten, um strukturierte und zielführende Marketingaktivitäten im Internet zu entwickeln.

Es ist jedoch zu bedenken, dass letztlich die Phase nach der Qualifizierungsmaßnahme über den Nutzen des Kurses entscheidet. Demzufolge ist das Absolvieren des Kurses erst der Anfang des Aufbaus einer umfassenden Vermarktungspraxis rund um die eigene Musik. Es entstehen eine Reihe von neuen oder optimierten Webseiten und Profilen auf sozialen Internetplattformen. Gesteigerte Erfolge von Musikvideos mit hohen Zugriffszahlen sowie erfolgreiche Album-Releases mit breitem Feedback im Social Web und in der Presse ergeben sich daraus. Die online verfügbaren Kursmaterialien wie Skripte und Leitfäden sowie ein spezielles Kursangebot für Fortgeschrittene unterstützen die Musiker dabei, langfristig das Erlernte umzusetzen.

Bezüglich der Inhalte hat sich das bewusst offen gestaltete Curriculum des Weiterbildungsangebots im gesamten Projektzeitraum bewährt. Hierdurch wird einerseits eine Anpassung als auch eine Möglichkeit zur kontinuierlichen Erweiterung des Themenkreises im Projektverlauf erreicht. Entscheidende Quellen für Problemstellungen sind sowohl die in den Befragungen geäußerten Wünsche der teilnehmenden Musiker als auch die aktuellen Tendenzen im Musikbusiness und die Weiterentwicklung der Internetdienste, die kontinuierlich verfolgt werden. Der Fokus in dieser Themenvielfalt, der auch vor komplexen Themen nicht haltmacht, wird so von den Musikern immer wieder selbst gesetzt, wodurch eine zielgruppengerechte Themenauswahl erzielt wird. Eine wichtige Komponente stellt hierbei nicht zuletzt der Expertenkreis der Lehrenden dar, der die Inhalte den teilnehmenden Musikern vermittelt. So gelingt eine perspektivenreiche und gelungene Kombination aus Basiswissen zum Thema Marketing mit dem Insiderwissen aus dem Musikbusiness.

In der Vermittlung der Inhalte hat es sich als sinnvoll erwiesen, eng mit praktischen Beispielen und umsetzungsnahen Strategien zu arbeiten. Konkrete Anleitungen zum Anlegen eines Social-Network-Profils, Leitfäden und Skripte sind hier nützliche, didaktische Hilfsmittel. Gleichzeitig gilt es, mit deutlichen Beispielen die Berührungsängste und Vorurteile der Teilnehmer im Umgang mit dem professionellen Einsatz von Online-Medien zur beruflichen Nutzung abzubauen. Oftmals gehen die Teilnehmer mit einer gewissen Distanz zu den „neuen" Medien in den

Kurs. Sie stellen sich die Nutzung des Internets als generell unübersichtlich, unkontrollierbar, ineffektiv und oberflächlich vor. Gefragt wird mehrfach nach Strategien, um die Kommunikation über das Internet möglichst zeitökonomisch gestalten zu können. Neben praxisorientierten Beispielen oder Anleitungen ist die Diskussion im Plenum ein wesentliches Element beim Erarbeiten einer effektiven Internetnutzung.

Zur beruflichen Nutzung des Internets gehören Kenntnisse zur Veröffentlichung von relevanten Inhalten, zum Kontaktmanagement und zum Wissensmanagement, die am eigenen Musikprojekt eingeübt und umgesetzt werden. Ein Überblick über die notwendigen Maßnahmen erlaubt es, effizient das eigene Marketing zu gestalten sowie Aufgaben bewusst an das Künstlernetzwerk wie Agenturen, Booker, Programmierer abzugeben.

Eine professionelle Auseinandersetzung mit digitalen Medien als Musiker bedeutet, gefordert zu sein, kreativ mit dem eigenen Produkt, der Musik, im Kontext ihrer Vermarktung umzugehen. Der radikale Wandel der Musikwirtschaft macht es notwendig, sich schnell den Entwicklungen anzupassen. Das können selbständige Musiker viel besser als große Unternehmen wie Major-Labels. Eine wichtige Zielstellung des Kurses DigiMediaL ist es, den teilnehmenden Musikern für den kontinuierlichen Entwicklungsprozess eine Orientierung zu geben, so dass sie sich zielgeleitet und strategisch den Wandlungsprozessen widmen können und die Chancen, welche die Digitalisierung bringt, für sich nutzen.

Das im vorigen Beitrag vorgestellte Lehrforschungsprojekt DigiMediaL ist ein Best Practice-Beispiel für ein speziell an Musikerinnen und Musiker gerichtetes Weiterbildungskonzept mit dem Schwerpunkt digitaler Vermarktungsmethoden unter Berücksichtigung von Gender- und Diversitykriterien. Vor diesem Hintergrund widmet sich dieser Abschnitt der Frage, welche Herausforderungen und Potenziale die aktive Auseinandersetzung mit Gender- und Diversitykriterien im Rahmen der Konzeption und Durchführung eines Weiterbildungsangebots an den Tag legt. Es ist ein Ziel dieses Beitrages, die Erfahrungen, die in den Kursen von DigiMediaL am Zentralinstitut für Weiterbildung der Universität der Künste Berlin im Hinblick auf Gender und Diversity gesammelt wurden, mitzuteilen und Empfehlungen für ähnliche Weiterbildungskonzepte zu leisten.

2 Bedarfsanalyse – Weiterbildungsbedarf von Musikerinnen und Musikern unter Berücksichtigung von Diversitykriterien

(Susanne Hamelberg)

Anliegen der Qualifizierung DigiMediaL ist es, Musikerinnen und Musiker in die Lage zu versetzen, auf Grundlage des strategischen Musikmarketings eine individuelle Strategie zur Vermarktung der eigenen Musikprojekte mit Web-2.0-Werkzeugen zu entwickeln. In dieser Hinsicht spielen die persönlichen Eigenheiten einer und eines jeden Teilnehmenden eine zentrale Rolle in der Konzeption der Qualifizierungsmaßnahme, die den individuellen Ansprüchen gerecht werden soll. Sie reichen von Unterschieden in der fachlichen Spezifikation auf ein Genre über die Qualifikationen bis hin zu alters- und geschlechtsspezifischen Verschiedenheiten. Daher ist das Curriculum unter Berücksichtigung von Gender- und Diversityaspekten umgesetzt.

2.1 Gender- und Diversitysensibilität in der Hochschullehre

Bezug genommen wird im folgenden Text auf die Konzepte von Gender- und Diversitysensibilität aus der Debatte zur Integration von Gender- und Diversitykriterien in die Hochschullehre[27]. Darin wird Gendergerechtigkeit als ein offizielles Ziel des Bologna-Prozesses erklärt und somit als ein Qualitätskriterium für die Lehre etabliert. Gendergerechtigkeit bedeutet in der Hochschullehre, eine Unterrichtssituation zu schaffen, die die unterschiedlichen Lebenswelten und

Lernstile von Frauen und Männern berücksichtigt und beide Geschlechter gleichermaßen fördert. Gendermainstreaming wird als Managementaufgabe der Hochschulen begriffen und schrittweise umgesetzt.[28]

Die Berücksichtigung von Diversityaspekten geht über die Thematik der Unterschiedlichkeit von Geschlechterrollen hinaus und beachtet noch andere Kriterien wie zum Beispiel Herkunft oder Alter. Unter Diversitysensibilität wird in diesem Zusammenhang die Berücksichtigung der Unterschiedlichkeit der Teilnehmenden des Weiterbildungsprojekts wie auch die Bezugnahme auf die verschiedenen Wissensstände und Zugänge zum Unterrichtsthema verstanden. In einem umfassenden Sinn kann die Unterschiedlichkeit der Teilnehmenden auch Geschlecht oder Herkunft betreffen und diese Aspekte produktiv in den Unterricht einbringen. Ziel ist es, den Unterrichtsstoff möglichst effizient an alle Teilnehmenden zu vermitteln und die Unterschiedlichkeit als Potenzial zu nutzen. Wie zum Beispiel Universitäten Diversity ihrer Studierenden als Potenzial begreifen, zeigt das Projekt „Benchmarking-Club und Diversity Audit" des Stifterverbands für die Deutsche Wissenschaft. Für das Projekt sind acht deutsche Hochschulen ausgewählt worden, die darauf geprüft wurden, inwiefern Strukturen und Aktivitäten von Hochschulen nach vom Stifterverband festgelegten Vorgaben eines Diversitykriterienkatalogs erfüllt werden.[29]

Die in Unternehmen eingesetzten Diversitymanagement-Strategien erkennen die Unterschiedlichkeit ihrer Mitarbeiterinnen und Mitarbeiter als Innovationspool und Wettbewerbsvorteil. Dieses in der Wirtschaft genutzte Potenzial soll auch in der Qualifizierungsmaßnahme DigiMediaL produktiv eingesetzt werden. Schließlich ist die individuelle Positionierung die Voraussetzung dafür, Wettbewerbsvorteile im Musikmarkt zu schaffen, wie bereits im Abschnitt 4.3 herausgestellt wird.

Übertragen auf die Kurssituation bei DigiMediaL kann davon ausgegangen werden, dass vor allem die Unterschiedlichkeit der kulturellen Herkunft, eine Durchmischung der Altersstruktur und die Verschiedenheit der Geschlechter zu einer Herausforderung für die Didaktik, aber auch zu einer Bereicherung für die Gruppe der Teilnehmenden wird.

2.2   Anforderungen an das Projekt DigiMediaL

Mit dem vorgestellten Vorhaben der Gender- und Diversitysensibilität in Kombination mit einem iterativen Prozess der Curriculumentwicklung können die Auflagen der Europäischen Union berücksichtigt werden, das Lehrforschungsprojekt in seiner Umsetzung nach Gender- und Diversitykriterien auszurichten. Gefordert ist, möglichst gleichermaßen weiblichen und männlichen Teilnehmern die nötige Qualifizierung zukommen zu lassen. Ermöglicht werden soll zudem, dass Frauen und Männer mit familiären Verpflichtungen der Kinderbetreuung teilnehmen können. Zudem wird erwartet, dass eine Diversität durch die Beteiligung von Musikerinnen und Musikern unterschiedlicher Nationalität bzw. unterschiedlicher Herkunft erreicht wird.

2.2.1   Gender- und Diversitykriterien in der Projektdurchführung

In der Projektdurchführung wird eine Berücksichtigung von Gender- und Diversitykriterien in der Auswahl der Teilnehmenden, der Festlegung der Unterrichtszeiten und in der didaktischen Konzeption, insbesondere der Gestaltung der Unterrichtssituation und der kontinuierlichen Anpassung des Lernstoffes an Wissensbedarf und Lernfortschritt vorgenommen. In einem begleitenden Prozess wurden die Unterrichtssituation, die Entwicklung des Curriculums und die Zufriedenheit der Teilnehmenden beobachtet und befragt.

Die Anforderungen, die Teilnehmerkohorte der einzelnen Weiterbildungsangebote nach Geschlecht und Nationalität zu durchmischen, konnte in den einzelnen Durchläufen der Qualifizierungsmaßnahme unterschiedlich erreicht werden. Insgesamt sind die Ergebnisse jedoch sehr erfreulich, da 34 Frauen und 50 Männer teilnahmen und hierbei Personen aus 19 Nationen (Australien, Brasilien, Bulgarien, China, Deutschland, Frankreich, Griechenland, Großbritannien, dem Iran, Israel, Italien, Österreich, Polen, Portugal, Russland, Südkorea, der Türkei, den USA und Venezuela) von der Weiterbildung profitieren konnten. Eine grundsätzliche Quotierung nach Geschlecht konnte nicht umgesetzt werden, da sich im Untersuchungszeitraum insgesamt erheblich weniger weibliche als männliche Musiker auf einen Platz in der Qualifizierung beworben haben. Die Durchmischung der Unterrichtsgruppe nach unterschiedlichen Herkünften konnte hauptsächlich durch persönliche Empfehlung erreicht werden.

Eine weitere Diversität betrifft das Alter der am Weiterbildungskurs teilnehmenden Musikerinnen und Musiker. Die Altersspanne von 21 bis 59 Jahren fällt nach Meinung der befragten Teilnehmenden nicht als Hemmnis ins Gewicht. Allerdings wirkt sich beispielsweise die Altersstruktur auf die Vorkenntnisse im Bereich der Social Media aus. Die jüngeren Teilnehmenden verfügen zum Teil als Digital Natives über einen besonders leichten Zugang zur Kommunikation in Social Media. Jedoch wird aufgrund der über die Teilnehmenden erhobenen Daten deutlich, dass keine der fünf Gruppen in der Teilnehmerstruktur der anderen gleicht. Somit war die Anpassung des Curriculums von Durchgang zu Durchgang immer wieder eine Herausforderung.

Bereits in der Organisation der Weiterbildungsveranstaltungen sind Gender- und Diversitykriterien berücksichtigt worden. Aufgrund einer Befragung von beruflich tätigen Musikerinnen und Musikern, die sich vom Profil der erwarteten Teilnehmerkohorte her ähnelten, wurden die Wochentage und Tageszeiten, an denen die Qualifizierung stattfinden sollte, festgelegt und im Laufe des Projekts leicht verifiziert. So hatten Teilnehmende die Möglichkeit, ihre Probentermine im Zeitraum der Qualifizierung abends wahrzunehmen und durch die in der Regel tagsüber stattfindenden Qualifizierungsangebote ihre musikalischen Auftritte sogar an Kurstagen zu realisieren. Es wurden Unterrichtstage auf Werktage und der Hauptteil des Unterrichts tagsüber in die Kernzeit von 9:30 Uhr bis 17:15 Uhr gelegt, da an diesen Tagen in der Regel eine professionelle Kinderbetreuung möglich bzw. vorhanden ist. Zusätzlich wurden drei Abendveranstaltungen ange-

setzt, um das Networking in der Gruppe in einem informellen Rahmen anzure-
gen. Darüber hinaus konnte das individuelle Coaching von den Teilnehmenden
selbst mit den Lehrenden frei vereinbart werden, so dass auch hier keine Termin-
schwierigkeiten, unter anderem wegen fehlender Kinderbetreuung, auftreten konnten.

Ebenso wie in der Kursorganisation wurde in der Lehre der Unterricht nach
Gender- und Diversitykriterien aufgebaut. Es wurde darauf geachtet, dass die Inhalte, aber auch didaktische und formale Aspekte durch das tägliche Veranstal-
tungsfeedback und die tägliche Auswertung des Unterrichts immer passgenau auf
die Bedürfnisse der heterogenen Lerngruppe ausgerichtet waren. Zudem wurde
der Unterricht so gestaltet, dass es möglich wurde, die gesamte Gruppe in kleinere Arbeitsgruppen aufzuteilen und bei Bedarf (Ausfallstunden, technische Un-
erfahrenheit) Zusatzstunden für eine kleinere Gruppe bzw. ausgewählte Teilnehmende zu geben. Auf diese Weise konnte in Kleingruppen ein noch intensiverer
Austausch unter den Teilnehmerinnen und Teilnehmern erfolgen.

Die größten Herausforderungen des Projekts betrafen die Unterschiedlichkeit
der themenrelevanten Vorkenntnisse und beruflichen Hintergründe. Hierunter fallen zum Beispiel verschiedene Wissensstände im Marketing und im Musikmarkt
sowie unterschiedliche Erfahrungen in der Selbstvermarktung. Zudem bestand
eine große Heterogenität in Internetkenntnissen und Erfahrungen mit Social-Web-
Anwendungen. Ein weiteres Thema der Diversität waren die Musikstile und der
jeweilige Stand in der beruflichen Karriere als Musikerin oder Musiker. Es waren
teilnehmende Musikerinnen und Musiker aus den Bereichen Klassik, Jazz und Pop
vertreten, aber auch genreunabhängige Spezialistinnen und Spezialisten, so zum
Beispiel ein Stummfilmmusiker, eine Tonmeisterin oder eine Filmemacherin, die
Musikvideos konzipiert und erstellt. Des Weiteren nahmen eine Opernsängerin,
die sich auf ein Engagement vorbereitet, ein iranischer Sänger, der historische per-
sische und aserbaidschanische Musik vorträgt, eine klassische Flötistin und ein
Komponist, der für Musikarchive schreibt und sein Geld mit dem Verkauf seiner
Kompositionen unter anderem für Werbefilme verdient, teil. Ein Beispiel für die
berufliche Diversität im Weiterbildungsprogramm ist zudem eine ausgebildete
Jazzsängerin, die als Singer/Songwriter und Multimediakünstlerin mit einer virtuellen Comicfigur auftritt.

2.2.2   Gender- und diversityrelevante Ergebnisse der qualitativen Befragung von Teilnehmenden in Gruppendiskussionen

Um den Unterricht aus Gender- und Diversitysicht zu reflektieren, wurden im
Rahmen von vier Workshops der Weiterbildung jeweils Gruppen von zwei bis sechs
Personen gebildet, in denen Teilnehmende über die Unterrichtssituationen aus
ihrer Sicht sprachen. Insgesamt wurden zu diesem Thema 20 Personen befragt, in
den Gruppendiskussionen 17 Teilnehmende und in weiterführenden offenen Ein-
zelbefragungen drei Teilnehmende. Die Befragung der Teilnehmenden wurde als

offene, thematisch fokussierte Gruppendiskussion durchgeführt. Dazu wurden auch informelle Gespräche mit einzelnen Teilnehmerinnen und Teilnehmern am Rande der Unterrichtssituation geführt. Von allen an diesen Diskussionsrunden Teilnehmenden wurden diese Diskussionen als sehr spannend betrachtet, da sie den Teilnehmenden auch die Möglichkeit gaben, über ihre eigene Situation in der Gruppe und die eigene berufliche Entwicklung in der Kurslaufzeit zu sprechen. Die Reflexion der Teilnehmenden („Was habe ich gelernt?", „Was konnte ich vor dem Kurs, was kann ich jetzt?") war für alle Anwesenden sehr aufschlussreich und führte zu lebhaften Gruppendiskussionen. Der eigene Lernerfolg wurde in der Regel als gut bis hervorragend eingeschätzt. Zum Teil wurden Vertiefungsworkshops zu besonderen Themen angefragt und auch eine Vertiefung zur technischen Umsetzung gewünscht. Diesen Anfragen konnte in Extraworkshops bzw. einer Fortführung des Projekts im Sommer 2011 entsprochen werden. Zudem wurden die Teilnehmerinnen und Teilnehmer ermutigt, gemeinsam mit anderen die Erstellung eigener Social-Media-Profile umzusetzen.

Im Besonderen hervorzuheben ist, dass die Diversität in der Herkunft der Nationalitäten von den Teilnehmerinnen und Teilnehmern durchweg positiv beurteilt wurde. Als problematisch wurden jedoch vereinzelt Sprachbarrieren einzelner Beteiligter angesprochen, die das Fortkommen von Gruppenarbeiten behindert hätten. Unter Gendergesichtspunkten wurde bedauert, dass nur wenige Frauen teilnahmen. Es fehlte hier eine andere Art und Weise des Austausches, gaben Männer wie Frauen an, die nur in einem ausgewogenen Verhältnis beider Geschlechter hätte stattfinden können. Einige Frauen vermissten den Austausch mit weiblichen Teilnehmerinnen, mit denen sie über die Marketingsituation als Musikerin sprechen konnten und sich über die Potenziale und Barrieren im Musikbusiness für Musikerinnen austauschen konnten. In Randgesprächen zu diesem Thema sprachen die Musikerinnen von der schwierigen Gratwanderung in der Kommunikation mit den größtenteils männlichen Musikmanagern. In der beruflichen und wirtschaftlichen Situation, in der die meisten der männlichen und weiblichen Teilnehmenden stehen, werden die Kontakte zu Musikmanagern und Labels selbst angebahnt, der Erstkontakt und auch die weitere Kommunikation finden oftmals im persönlichen Rahmen statt. In dieser Kommunikation besteht unter Umständen für Musikerinnen das Problem, dass sie ihre Musik rein über die Qualität derselben anbieten und nicht über ihre persönliche feminine Ausstrahlung verkaufen möchten. Diese Gratwanderung wäre jedoch sehr schwierig, so die Statements der Teilnehmerinnen, und entspräche zum Teil nicht den Rollenerwartungen. Eine professionelle Musikerin wird in ihrer Geschlechterrolle wahrgenommen, so dass die Person der Musikerin als Frau nicht von ihrem professionellen Ich getrennt ist. Aus marketingstrategischer Sicht bedeutet dies bezugnehmend auf das Kapitel 4, dass im Rahmen einer strategischen Markenführung eine „Markierung" erfolgen muss, indem der professionelle Auftritt durch die Musikerin bewusst gestaltet wird. So könnten Musikerinnen zur bewussten Rollenkommunikation jeweils ein „Beziehungsangebot" offerieren und dadurch eine Kohärenz von Rolle und Vermittlung der Rolle entwickeln. Das Thema „Rollenmodelle von Musikerinnen und

Musikern und konkrete genderbewusste Kommunikationsstrategien" ist bisher noch nicht ausreichend erforscht. Es sollte weiter reflektiert werden.

Im Rahmen des Weiterbildungsangebots DigiMediaL hat sich ferner herausgestellt, dass sich neben einer gender- und diversitysensiblen Auswahl der Teilnehmenden auch eine Durchmischung der Lehrenden, eine Auswahl von Männern und Frauen unterschiedlicher Herkunft, als sinnvoll erweisen kann, um die Potenziale der Unterschiedlichkeit durch Diversitymanagement nutzen zu können. Hierzu wurde versucht, auch weibliche Lehrende für den Unterricht zu gewinnen. Insgesamt waren 24 männliche und 7 weibliche Lehrende in der Weiterbildung tätig.

2.3   Schlaglichter auf das Kursgeschehen aus Gender- und Diversitysicht

Die bisherigen Weiterbildungsveranstaltungsreihe DigiMediaL im Rückblick betrachtend, lassen sich einige Aspekte herauskristallisieren, die unter Gender- und Diversityaspekten besonders fruchtbar sind.

So ermöglicht allein der Besuch der Qualifizierungsmaßnahme den teilnehmenden Musikerinnen und Musikern eine fachliche Diversifizierung gegenüber ihren Musikerkolleginnen und -kollegen. Durch die Qualifizierungsmaßnahme wird jedes einzelne Musikprojekt differenziert betrachtet und konkret im strategischen Musikmarketing aufgestellt, um jeweils einen Markenbildungsprozess anzustoßen, voranzutreiben oder zu überarbeiten. Die Teilnehmenden beurteilten in dieser Hinsicht bereits die Diversität der Musikstile und die Unterschiedlichkeit der Persönlichkeiten und beruflichen Erfahrungen als fruchtbar für ihren Lernerfolg.

Zu dieser individuellen Professionalisierung und dem Lernerfolg des Einzelnen trägt auch die Kommunikation in der Gruppe bei. So können die Musikerinnen und Musiker im Gruppenvergleich noch deutlicher ihre eigenen Positionen herausarbeiten und sich als individuelle Künstlerinnen oder Künstler wahrnehmen. Abgeleitet von dieser individuellen, musikalischen Position haben die Teilnehmenden einzigartige Marketingstrategien entwickelt, die sie in der Gruppe präsentierten. Durch die Kommunikation in der Gruppe wird Individualität erst erfahrbar. Außerdem unterstützt die Gruppe die Einzelnen in der persönlichen Profilierung. So war das Feedback der Teilnehmenden eine große Bereicherung und in der Regel sehr konstruktiv und pragmatisch. Personen, die mehr Schwierigkeiten hatten, sich in die Gruppenkommunikation einzubringen, wurden hierzu ermuntert und hatten die Möglichkeit, in einem fiktiven Gruppenprojekt in einer kleineren Bezugsgruppe die Kommunikation aufzunehmen. Die Gruppenprojekte wurden jedoch in einer Gruppendiskussion auch als schwierig angesehen. Auf die an die Teilnehmenden gerichtete Frage, wie sie die Unterschiedlichkeit der Teilnehmerstruktur bezüglich ihres Lernerfolges in der Qualifizierung einschätzen, wurde darauf hingewiesen, dass zu viel Unterschiedlichkeit die Kommunikation für das Gruppenprojekt behindert hätte. Angeführt wurden Sprachbarrieren, aber auch die Unterschiedlichkeit der Musikrichtungen der Teilnehmenden.

Die Möglichkeit, die eigenen Marketingprojekte im Kursverlauf vorzustellen, wurde gerne genutzt und ermöglichte jeweils den anderen Kursteilnehmenden auch einen Einblick in die unterschiedlichen Anforderungen an die Vermarktung von Klassik- oder Bandprojekten im Popbereich. Alle Kursgruppen nutzen die drei Abendveranstaltungen (Digitalen Lounges) zur Kommunikation und zum informellen Austausch in der Kursgruppe. Besonders die informelle Kommunikation gestaltete sich dabei als lohnend für die einzelnen Teilnehmerinnen und Teilnehmer. Es wurde dazu angeregt, dass die Teilnehmenden zusammen die Mittagspausen verbringen, um hier die Möglichkeit der informellen Kommunikation zu etablieren. Die Pause wurden von den Teilnehmenden oft genutzt, um das Kursgeschehen zu reflektieren und andere Teilnehmende nach ihren bisherigen Erfahrungen zu befragen. Das Networking bot die Gelegenheit zum inhaltlichen Austausch. Musikerinnen und Musiker nutzten die Kommunikation mit den Lehrenden und anderen Teilnehmenden, beispielsweise um Veränderungen und Trends im Musikmarkt aufzuspüren und auf sie reagieren zu können. Der Austausch mit den anderen, die Möglichkeit zu informellen Gesprächen über die Kursthemen und darüber hinaus, sowie die Lernsituation selbst als Teilnehmende einer Gruppe unterstützte den Lernerfolg. Als Erfolgsfaktoren lassen sich hier die Laufzeit der Qualifizierung, die unterstützende und nicht konkurrenzorientierte Lernatmosphäre sowie die Diversität der Musikstile und Vorerfahrungen der Teilnehmenden identifizieren. Insgesamt konnte sich eine rege Kommunikation der Kursgruppen im Verlauf der drei Monate etablieren, unterschiedliche Freundschaften und Kooperationen entstanden, kleine Bandprojekte und eine Zusammenarbeit einzelner Teilnehmer auf künstlerischem Gebiet sowie im Bereich der Vermarktung wurden erarbeitet. So ist durch die Teilung von unterschiedlichem Wissen und anderen Diversityaspekten ein Netzwerk unter den Teilnehmenden entstanden, welches die Kooperation untereinander vorantreibt.

In der beruflichen Situation erfahren sich Musikerinnen und Musiker oft als Einzelkämpfer, das Kursangebot hat diese Situation durchbrochen und ermöglicht so auch einen anderen Zugang zum Beruf. Allein die Erkenntnis, dass die anderen Teilnehmenden sich zum Teil in ähnlich prekären beruflichen Situationen befanden, bedingt durch die aktuellen Entwicklungen im Musikmarkt, ermöglicht die Zuweisung von beruflichen Schwierigkeiten nicht nur als individuelle, sondern auch als strukturelle Probleme. Die Zusammenarbeit der Teilnehmenden untereinander wurde in der Qualifizierungsmaßnahme begonnen, jedoch von einzelnen Teilnehmenden auch kontinuierlich nach Qualifizierungsabschluss weitergeführt.

Selbst die große Altersspanne, die eine Diversität an beruflicher Erfahrung hervorbrachte, bewerteten die Teilnehmenden als äußerst gewinnbringend. Die Expertinnen und Experten teilten gerne ihre Erfahrungen mit den jüngeren Kolleginnen und Kollegen.

2.4   Schlussfolgerungen

Wie sich zeigt, ist es im Lehrforschungsprojekt DigiMediaL gelungen, ein gender- und diversitysensibles Unterrichtskonzept erfolgreich zu erproben. Nachfolgende Potenziale, Barrieren und Empfehlungen können durch die bewusste Bezugnahme auf Gender- und Diversitykriterien zusammenfassend identifiziert werden:

Potenziale
▶ Unterschiedliche kulturelle Hintergründe bieten die Möglichkeit, unterschiedliche Zugänge zur Musik in Marketingstrategien zu integrieren.
▶ Unterschiedliche kulturelle Hintergründe können das Gruppengeschehen und die Gruppenkommunikation bereichern.
▶ Networking bietet in einer nach Nationalitäten, Geschlechtern und Musikgenres gemischten Gruppe ein höheres Potenzial an Austausch und Perspektivwechsel als in einer Gruppe mit weniger Unterschiedlichkeiten. Die Teilnehmenden bewerten diese Diversität als fruchtbar für ihren Lernerfolg.
▶ Eine Zusammensetzung der Kursgruppe aus Anfängerinnen bzw. Anfängern und beruflich bereits etablierten Musikerinnen und Musikern hat ein großes Potenzial in der gegenseitigen Unterstützung.

Barrieren
▶ Für die Qualifizierung haben sich insgesamt weniger Frauen als Männer beworben. Zu analysieren wäre, ob in Berlin weniger professionelle Musikerinnen als Musiker leben oder ob das Weiterbildungsinteresse bei Frauen geringer ist.
▶ Unterschiedliche Niveaus im Umgang mit dem Internet erschweren den Lernfortschritt.
▶ Sprachprobleme im Deutschen können eine Diversität im Lerntempo erzeugen, was als äußerst hinderlich beschrieben wurde.

Empfehlungen
▶ Die Kommunikation in der Kursgruppe trägt maßgeblich zum Gelingen der Fortbildung bei. Auf kommunikationsfördernde Elemente sollte besonders Wert gelegt werden, separate Termine zum Networking haben sich als sehr hilfreich erwiesen.
▶ Unterschiede im Lerntempo müssen aufgefangen werden, Möglichkeiten dazu sind Online-Tutorien oder andere Zusatzangebote sowie die Aufteilung in kleine Lerngruppen oder gemischte Lernteams.
▶ Unterschiedliche kulturelle Hintergründe sollten deutlich kommuniziert werden, damit sie den Zusammenhalt der Gruppe befruchten können.
▶ Eine deutliche Thematisierung der Diversität zeigt auch die Notwendigkeit einer individuellen Marketingstrategie im Internet: Jedes Musikprojekt ist einzigartig, eine passgenaue Strategie ist erforderlich.

▶ Das Thema der Rolle und Position der Musikerin im Musikbusiness ist wenig erforscht, hier sollte weiter untersucht werden, um gender- und diversitysensible Unterstützung geben zu können.

3 Zielgruppenanalyse für das Künstlermarketing – Vorgehen, Chancen und Barrieren

(Britta Lüerßen)

Eine Grundvoraussetzung für das erfolgreiche strategische Marketing im Internet ist die Kenntnis der zu erreichenden Zielgruppe. Dieser Beitrag soll zeigen, wie es auch mit einfachen Mitteln für Künstler selbst möglich ist, nicht nur Kenntnisse über die Zielgruppe zu erlangen, sondern darüber hinaus bei der gezielten Ansprache und Einbindung der eigenen Fans in Teilaspekten des kreativen Prozesses eine stärkere Fan-Bindung zu erreichen. Das Internet mit seinen vielfältigen Feedbackmöglichkeiten hat die Möglichkeiten für sich selbst vermarktende Künstler dabei wesentlich erweitert.

3.1 Internetnutzung in Zahlen

Dazu ein paar grundsätzliche Informationen: Laut der ARD/ZDF Onlinestudie 2011 sind mittlerweile 73,3 Prozent der Bevölkerung online und über 50 Prozent der Haushalte verfügen über einen Breitbandzugang. Aber nur 12 Prozent der Onliner interessieren sich auch dafür, sich selbst aktiv einzubringen, immerhin 16 Prozent sind es bei den 14- bis 19-Jährigen.[30] Das vielbeschworene „Mitmachnetz" ist demnach gar nicht so aktiv, wie man meinen möchte, die meisten Menschen bevorzugen offensichtlich das passive Beobachten. Dies wird wichtig, wenn man die eigenen Fans einbinden möchte. Es gilt dabei, die Mitmach-Hürden niedrig anzusetzen.

Das Interesse an Musik im Internet ist groß: 15,6 Millionen Personen haben sich 2010 Musik aus dem Internet heruntergeladen oder in Form von Streaming-Angeboten genutzt.[31] Die ARD/ZDF Onlinestudie 2011 ermittelte, dass 58 Prozent der Online-Nutzer Videoplattformen nutzen, davon sahen sich 70 Prozent Musikvideos an, bei den 14- bis 19-Jährigen steigt dieser Wert sogar auf 87 Prozent, aber auch in der Gruppe der 50- bis 59-Jährigen sind es immerhin noch 57 Prozent.[32]

Die BITKOM-Studie „Soziale Netzwerke" stellt schließlich fest, dass 73 Prozent der Internetnutzer aktive Nutzer von mindestens einem sozialen Netzwerk sind. Von den jüngeren Nutzern unter 30 Jahren sind sogar 94 Prozent in mindestens einem sozialen Netzwerk aktiv. [33]

Dabei sind die Nutzer von Social Networks um 75 Prozent häufiger Musik-Intensivkäufer verglichen mit den Onlinern insgesamt. Es handelt sich dabei um eine Zielgruppe, die es sich für den Künstler lohnt, zu erreichen.[34]

3.2   Marktforschung zur Zielgruppenanalyse

Ein unter Kreativen nicht selten geäußertes Vorurteil lautet, dass Marktforschung langweilig und uncool sei und die eigenen Fans verschrecken könne. Nach vielen Jahren Erfahrung in der Befragung von Musikfans kann dem mit Sicherheit widersprochen werden. Ganz im Gegenteil, die Menschen bringen sich unglaublich gerne ein, sie fühlen sich geschmeichelt, wenn man sie nach ihrer Meinung fragt, dies umso mehr, wenn es sich um ein so emotionales Gut wie Musik handelt. Fragen tut nicht weh.

3.2.1   Ziele

Vielleicht stellt sich dem Kreativen oder dem Musikmanager eingangs die Frage: „Was bringt es mir überhaupt, meine Zielgruppe oder die des von mir betreuten Musikkünstlers/der Band zu kennen? Setzt sich Qualität nicht immer durch und findet seine Abnehmer?". Gerade im Internet sind die Möglichkeiten jedoch so vielfältig, gehen die User so unterschiedliche Wege, dass es tatsächlich immer wichtiger wird, eine Vorstellung davon zu bekommen, was die eigene Zielgruppe bewegt und wo sie zu finden ist. Im Wesentlichen kann Marktforschung dabei helfen, Marketing und Promotion zielgerichteter einzusetzen und dadurch Streuverluste zu vermeiden. Dies ist bei sinkenden Marketingbudgets für jedes professionell arbeitende Musiklabel von immer größerer Bedeutung, jedoch genauso bei den ersten eigenen Schritten, um auf neue, noch nicht etablierte Musikprojekte aufmerksam zu machen. Es bringt dem Künstler nichts ein, seine Botschaft in alle Winde zu streuen. Es ist viel wichtiger, Zeit und – wenn vorhanden – Werbebudgets gezielt einzusetzen, um die Kanäle, die die eigenen Fans nutzen, effizient zu erreichen und zu bespielen.

Klassische Fragen der Musik-Marktforschung sind zum Beispiel, ob die Zielgruppe sehr internetaffin ist oder der Fokus noch auf den Medien Print, Radio oder TV liegen sollte, welche Magazine, Radiosender, Websites die Fans besonders ansprechen, wer ein geeigneter Sponsor wäre oder auch wo die Fans leben, um die Tourneeplanung danach auszurichten.

Kennt der Musiker seine Zielgruppe, fällt es ihm zudem leichter, die geeignete Tonalität in der Ansprache zu nutzen: Werden die Menschen in seinem Newsletter gesiezt oder geduzt, in welchen Locations fühlen sich die Fans auf Konzerten wohl, wird die Website in dezenten Farben oder eher knallig bunt gestaltet?

3.2.2   Grundlagen der Marktforschung

Ist der Entschluss gefallen, durch Marktforschung mehr über die Zielgruppe zu erfahren, hilft es, sich dabei an Standardabläufen zu orientieren, um zu den gewünschten Ergebnissen zu kommen. Bei jeder Marktforschung gilt es, die folgenden Prozessstufen zu durchlaufen:

a) Problemdefinition
   Was ist die Kernfrage, was gilt es zu erfahren?
b) Informationsbedarf definieren
   Welche Informationen werden benötigt, um die Kernfrage zu beantworten?
c) Festlegung des Vorgehens / der Methodik
   Welche Form der Datenerhebung / Befragung ist geeignet?
d) Datenerhebung
   In der sogenannten Feldzeit folgt die tatsächliche Datenerhebung.
e) Datenanalyse
   Was lernt man aus den gewonnen Daten, gibt es Teilzielgruppen, die differenziert betrachtet werden müssen?
f) Schlussfolgerungen
   Wie setzt man die gewonnenen Erkenntnisse um?

Nur wenn der Musiker für sich festlegt, was er erfahren will, kann er die richtigen Fragen stellen. Praktische Beispiele von möglichen Fragestellungen bei der Problemdefinition werden im Kapitel 1.3.1 des Theorieabschnittes bereits beschrieben. Im Schritt b) geht es darum, das zu Erfahrende mit möglichst genauen Fragen auszuloten. Um bei einem praktischen Beispiel zu bleiben: Was hätte der Künstler gewonnen, wenn er seine Website von seinen Fans mit einer einzigen Schulnote bewerten lassen würde? Interessiert es ihn nicht vielmehr, wie die Aufteilung der Rubriken, die Aktualität der News, die Feedbackmöglichkeiten, die grafische Gestaltung, die Lesbarkeit, und die vielen anderen Features im Detail bewertet werden? Ziel sollte es sein, mit der Fragestellung, den Kern-Wissensbedarf komplett abgedeckt zu haben, ohne die Teilnehmer durch unnötige Fragen zu nerven.

Datenbasis	Primärdaten	=	Es werden gezielt Daten erhoben, um die Forschungsfrage zu klären.
	Sekundärdaten	=	Auch Desktop-Research genannt - Es werden bereits vorhandene Daten und frei verfügbare Studien genutzt.

Methodik	Qualitativ	=	Wenige Leute werden befragt oder beobachtet; explorativ (Einzelinterviews, Beobachtung, Gruppendiskussionen, etc.)
	Quantitativ	=	Viele Leute werden befragt, dadurch repräsentativ, aber vorgegebene Antworten (CATI, CAPI, P&P, Online, Conjoint, etc.)

Abb. 1: Datenbasis und Methodik

Stellt der Musiker eigene Fragen und erhebt damit neue Informationen, wie in den vorherigen Beispielen, nennt man dies Primärdatenerhebung.

In der Primärdatenerhebung unterscheidet man im Wesentlichen zwischen qualitativer und quantitativer Datenerhebung. Bei der qualitativen Marktforschung werden beispielsweise in Einzelinterviews, durch Beobachtungen oder Gruppendiskussionen tiefergehende Erkenntnisse über die grundsätzlichen Dimensionen einer Fragenstellung gewonnen. Es wird jeweils nur eine kleine Anzahl von Personen befragt, die – nach subjektiven Kriterien ausgewählt – geeignet scheint, das Problem aus verschiedenen Perspektiven zu beleuchten. Diese Befragung erlaubt vor allem, ohne Vorgaben durch den Interviewer zugrunde liegende Motive und Präferenzen der Konsumenten zu erforschen, jedoch ohne damit eine Aussage über die Verteilung in der Gesamtbevölkerung treffen zu können.

In der quantitativen Marktforschung geht es darum, verlässliche Aussagen durch eine möglichst große Stichprobe von Befragten zu erzielen, die damit auf die gesamte zu untersuchende Zielgruppe zu übertragen sind. Auch hier gibt es wieder eine Vielzahl von Ausprägungen der Methodik, wie zum Beispiel CATI (Computer Assisted Telephone Interview), P&P (Paper und Pencil – der klassische schriftliche Papierfragebogen) oder auch Onlinebefragungen, die vergleichsweise günstigste Methode, auch wenn man dort vor allem bei älteren Zielgruppen leider (noch) nicht in jedem Fall ein repräsentatives Mittel der zu befragenden Personen erreicht.

Es kann jedoch auch vorkommen, dass bereits Sekundärdaten vorliegen, die man nutzen kann. Diese Form der Marktforschung wird auch Desktop-Research genannt. Hier werden frei verfügbare Studien oder Daten verwendet. In einigen Fällen hat der Künstler auch bereits selbst Daten gesammelt, die auszuwerten sind. Zum Beispiel kann man anhand der Namen der Newsletter-Subscriber eventuell einschätzen, welchen Anteil an Männern und Frauen die jeweilige Zielgruppe aufweist, aus welchen Orten die Befragten stammen oder mit Hilfe von einfachen Analyse-Tools untersuchen, welche Links auf der Website am häufigsten geklickt werden. Dies alles würde zur Sekundärdatenanalyse gehören.

3.2.3   Typologien von Musikzielgruppen

Basierend auf vorhandenem Datenmaterial lassen sich für unterschiedliche Musikrichtungen bereits grobe Typologisierungen vornehmen.

So gehörten 2010 die Käufer von klassischer Musik zu 66 Prozent zur Altersgruppe der über 50-Jährigen und waren zu knapp 60 Prozent Männer. Dance hingegen ist mit Fokus auf die 20- bis 39-Jährigen von den in der Abb. 2 dargestellten Zielgruppen am jüngsten und hatte auch den höchsten Anteil männlicher Käufer. Weitere häufig genutzte sogenannte soziodemographische Daten sind neben den hier aufgeführten Kennzeichen Alter und Geschlecht auch Bildung, Einkommen, Größe des Wohnorts, Berufsstand, Haushaltsgröße etc.

Eine der umfassendsten bevölkerungsweiten Zielgruppenanalysen bietet das Institut Sinus Sociovision. Hierin werden Zielgruppen nach Aspekten definiert, die

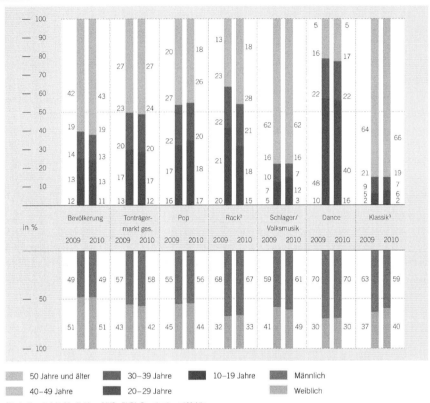

Abb. 2: Soziodemographie der Musikkäufer (Quelle: GfK Panel Services)

in ihrem Leben von besonderer Wichtigkeit sind. Die so entstandenen Sinus-Milieus liefern auch für das Musikmarketing relevante Daten, um die eigene Zielgruppe zu definieren und kennenzulernen. Im Kapitel 1 des Theorieabschnittes wird eine Auswahl der Sinus-Milieus vorgestellt. Sie werden kontinuierlich aktualisiert und erweitert.[35]

3.2.4   Praxistipps zur Zielgruppenanalyse

Größter Anbieter für professionelle Künstlerzielgruppenanalysen in Deutschland ist GfK Mediascope. Dort bekommt man auf Bestellung ein ausführliches Profil, welches nicht nur soziodemographische Daten ausweist, sondern auch das Kaufverhalten im Musikmarkt und allgemeine Einstellungen, Freizeitinteressen u. Ä. abbilden kann. Vorausgesetzt der Künstler der darzustellenden Zielgruppe hat schon mindestens 300.000 Einheiten seiner Musik verkauft und man verfügt über das ausreichende Budget, um sich auf diese Art mit Informationen zu versorgen. Ist man bei einem der großen Labels unter Vertrag, kann man auch die dort größtenteils vorhandenen eigenen Onlinepanel (= Gruppe von Personen, die sich bereit erklärt haben, wiederholt an internetbasierten, quantitativen und qualitativen Umfragen teilzunehmen) nutzen, um Zielgruppenanalysen oder Konzept- und Covertests durchzuführen.

Für Einsteiger kommt das alles erst einmal nicht in Frage, daher sollen im Folgenden ein paar beispielhafte Wege aufgezeigt werden, um (als Musiker) mit einfachen Mitteln zu den gewünschten Informationen zu kommen.

Mit den ersten Selbstvermarktungsplattformen, die erkannt haben, dass auch Research eine wichtige Komponente im Werkzeugkasten für die Künstler ist, entstehen gerade einige noch ganz neue und recht professionelle Möglichkeiten, aktiv zu werden. So hat Audiomagnet eine Kooperation mit dem Onlinepanel der EMI „SoundScout" abgeschlossen, um auch unbekannten Künstlern echte Primärdatenerhebungen zu ermöglichen. Restorm.com bietet nach eigenen Aussagen umfassende Statistiken an und Recordjet Künstlerprofile über die iTunes Community Ping. Hier sollte man bei der Suche nach dem geeigneten Vertriebspartner auch die Augen offenhalten, was beim Thema Marktforschung angeboten wird, denn es gibt hier momentan immer neue Angebote.

Eine Möglichkeit, die jeder Musiker nutzen kann, auch wenn man noch ganz am Anfang steht, ist es, bestehende Kontaktkanäle zu nutzen, um etwas über die eigenen Fans zu erfahren und überall, wo es möglich ist, Informationen zu sammeln.

Der direkteste Kontakt zu den Fans entsteht bei Konzerten, hier reicht die einfache Beobachtung: Wer steht im Publikum, wer ist dabei nur Begleitung, wer zeigt die größte Begeisterung? Ein paar Fotos und Notizen helfen bei der Erinnerung und Zusammenfassung der Zielgruppenerkenntnisse auf längeren Tourneen. Wenn möglich, sollten immer Newsletter-Listen ausgelegt werden – so einfach kommt man sonst nie wieder an Kontakte. Auch kleine Incentives wie Buttons oder Sticker für den Eintrag in die Liste helfen den Fans, die kleine Faulheit zu überwinden, sich sofort vor Ort einzutragen. Wenn die Künstler diese Informationen geschickt abfragen, wissen sie zum Beispiel über die Vornamen den Anteil von Männern und Frauen in ihrer Zielgruppe. Über die E-Mail-Adresse können diese neuen Kontakte – sofern das Einverständnis der Adressaten vorliegt – auch angeschrieben werden, um mehr über sie zu erfahren und über sich zu erzählen.

Hat der Künstler Kontakte über Konzerte und seine Internetpräsenz gesammelt, helfen kleine Gewinnspiele, noch mehr zu erfahren. Hat ein Newsletter-Subscriber beispielsweise die Option, als Gewinn ein T-Shirt zu bekommen, gibt er meistens gerne seine vollständige Adresse, seine Kleidergröße und sein Geschlecht an. Und auch etwas längere Umfragen machen den Fans Spaß, solange sie das Gefühl bekommen, dass ihre Meinung gefragt ist: Welcher Song des neuen Albums gefällt dir am besten, zu welcher Radiostation würde er am besten passen und übrigens – wo treibst du dich am liebsten im Internet herum? In welcher Stadt sollen wir bei der nächsten Tour spielen? Wie gefällt dir das neue Video? Guckst du überhaupt noch Musikvideos im TV oder nur noch auf Youtube, Clipfish, myvideo? Solche und ähnliche Fragen können spielerisch Informationen generieren. Bei all diesen Aktionen darf aber nie vergessen werden, die AGB und Datenschutzbestimmungen immer klar zu kommunizieren und selbst niemals mehr mit den so gewonnenen Informationen zu machen als vorher angekündigt wurde.

3.2.5   Tools zur Zielgruppenbestimmung

Bei einer umfassenden Zielgruppenanalyse sind neben grundlegenden Hinweisen bzw. Tipps bestimmte Werkzeuge hilfreich.

Zum einen gilt es, ein gutes System zur Adressverwaltung zu finden. Hilfreich ist es, wenn das System nach verschiedenen Kriterien (zum Beispiel Wohnort) filtern kann und auch Statistiken darüber generiert werden, wie erfolgreich welche Aussendung, welche News oder Aktion gewesen ist, welches die treuesten Fans sind, die am häufigsten klicken, welche Adressaten den Newsletter nie abgerufen haben u. Ä. Auch die eigene Website kann über Google analytics oder andere Programme einfach und kostenlos getrackt werden.

Mit www.nextbigsound.com steht beispielsweise eine sehr komfortable Plattform zur Verfügung, um künstlerische Erfolge im Internet zu messen. Mit der Premium-Variante werden auch Blogs durchsucht, in der einfachen Gratis-Version erst einmal nur bekannte, große Musikplattformen wie MySpace und Last.fm. Weitere automatische Statistiken zu den dort eingestellten Songs oder Videos bieten soundcloud (Audio), tubemogul (Videos) oder auch kostenpflichtige Angebote wie Musicmetric, ReverbNation, bandmetrics, Big Champagne, Wave Metrix usw.

Möchte der Künstler eigene, „echte" Befragungen starten und nicht nur Sekundärdaten nutzen, sind einfache Fragebogentools nötig. Wer möglichst preisgünstig an eine Befragungssoftware kommen will, der muss in den meisten Fällen kompromissbereit sein. Mit OpenSource Produkten wie OpenSurveyPilot, PHPesp oder phpSurvey kann man Fragebögen erstellen und online Daten erheben. Man sollte sich aber die Installation der jeweiligen Anwendung zutrauen. Andererseits bieten auch etablierte Softwareunternehmen günstige Studententarife und Uni-Lizenzen ihrer Umfragesoftware an. Damit können Studierende kostenlos eine Umfrage im Rahmen der Erstellung von Diplom- oder Semesterarbeiten durchführen. Wer an einer Universität oder Fachhochschule studiert, kann so mit den professionellen Werkzeugen der Markt- und Meinungsforscher arbeiten. Uni-Lizenzen bieten u. a. Globalpark mit ihrem Unipark-Projekt sowie eQuestionaire und amundis. Andere Beispiele sind www.einfacheumfrage.de (bis zu 100 Teilnehmern kostenlos), www.q-set.de, www.umfrageonline.com oder www.vote24.de.

Mit LimeSurvey gibt es zudem seit Kurzem ein weiteres kostenloses, von der Funktionalität her deutlich verbessertes, umfangreiches und optisch anpassbares Fragebogentool, das sich mit ein wenig technischen Kenntnissen einfach nutzen lässt.[36]

Wenn der Künstler seine Zielgruppe endlich kennt und gut beschreiben kann, stellt sich die Frage: Welche Quellen zeigen auf, wo er sie im Mediendschungel am besten wiederfinden kann? Hier bieten die großen Markt-Media-Studien der Verlagshäuser und einige Datenaggregatoren für Marktforschungszwecke, wie sie im Folgenden zusammengetragen sind, praktische Hilfe:

Markt-Media-Studien:
- Deutsche Media-Analyse (MA)
- Verbraucheranalyse (VA)
- Allensbacher Markt- und Werbeträger-Analyse (AWA)
- Verbrauchs- und Medienanalyse (VuMA)
- Typologie der Wünsche
- Allensbacher Computer- und Technikanalyse (ACTA)
- Studien der Arbeitsgemeinschaft Online Forschung (AGOF) etc.

Einen guten Überblick über die Markt-Media-Studien bietet der PZ-online Zielgruppenfinder (http://vdzsynopse.comsulting.de). Hierbei wird der Fokus vorrangig auf Printmedien gesetzt.

Daten zum Musikmarkt:
- Bundesverband Musikindustrie
  (http://www.musikindustrie.de/branchendaten)

Studiendatenbanken:
- Statista (www.statista.de)
- Statistisches Bundesamt (www.destatis.de)
- Nielsen Gratispublikationen (http://de.nielsen.com)
- Seven One Media (ProSiebenSat.1 Group) (www.sevenonemedia.de/research/newmedia/)
- Werben und Verkaufen Research (www.wuv.de/w_v_research/studien)

3.3   Fazit

Das Internet mit seinen fast unendlichen Unmöglichkeiten verstärkt für den einzelnen Musikkünstler auf der einen Seite die Konkurrenz um die Aufmerksamkeit des Konsumenten, bietet ihm jedoch auf der anderen Seite auch neue, kostengünstige Möglichkeiten, mit der eigenen Zielgruppe in Kontakt zu treten und so mehr über sie zu erfahren. Wer diese Möglichkeiten effizient nutzt, kann sich einen klaren marktstrategischen Vorteil verschaffen. Die Tools und technischen Möglichkeiten sind dabei jedoch in schneller Entwicklung, so dass die hier genannten Links vor allem als Anregung dienen können, ähnlich geartete Angebote zu suchen und zu nutzen. Für jeden Musiker ist es ratsam, aktuelle Entwicklungen zu verfolgen und für die eigene Zielgruppenanalyse zu verwenden.

C   Fallbeispiele

1   Vorstellung eines Musikmarketingkonzeptes für eine Solokünstlerin: „Zoe Leela: Digital erfolgreich mit Creative Commons"

(Matthias Krebs)

1.1   Musikverwertung im digitalen Zeitalter

Dadurch, dass digitalisierte Inhalte wie Musik, Filme, Fotos und Texte prinzipiell unbeschränkt über das Internet verbreitet werden können und sich gleichzeitig die Nutzungsformen dieser Inhalte stetig erweitern, stehen Medienproduzenten sowie daran angeschlossene Unternehmen der Film-, Buch-, Musikindustrie etc. vor immer neuen Herausforderungen. Der Trend ist deutlich: Die Nutzer wollen jederzeit, an jedem Ort, mit unterschiedlichen Zugangsgeräten, unkompliziert, in vollem Umfang und kostengünstig Zugang zu (ihren) Medien haben und sie sogar teilweise kreativ umgestalten können. Gefragt sind Geschäftsmodelle, die sich den Bedingungen des Marktes flexibel, innerhalb kürzester Zeit und übergangslos anpassen. Wenn es um die Nutzung und Verbreitung von Musik über das Netz in Deutschland geht, werden innovative Marketingaktivitäten und Geschäftsmodelle häufig von der GEMA reglementiert. Nutzer können so z. B. bei YouTube auf bestimmte Musikvideos nicht zugreifen oder die Einführung von Musik-Streamingportalen wie Spotify wird gegenüber anderen Ländern verzögert. Die Gründe dafür sind für viele unverständlich. Auch in Musikerkreisen ist die Debatte über die Rolle der GEMA emotional aufgeladen. So wird unter anderem beklagt, dass ihr Selbstmarketing dadurch erschwert würde. Hierbei werden oft Fakten mit Halbwahrheiten oder gar Unwissen vermischt – kein Wunder, wenn es um komplexe juristische Themen wie Urheberrecht, Copyright, Aufführungsrecht, Lizenzierung geht. Doch es muss auch kritisch gefragt werden, inwiefern auf Grundlage des deutschen Urheberrechts die Nutzungs- und Verwertungsrechte noch zeitgemäß sind und wie sie reformiert werden können. Vor allem die Verwertungsmechanismen, die die Musiker gemäß dem Urheberrechtswahrnehmungsgesetz[37] für ihre kreative Arbeit entlohnen sollen, stoßen im digitalen Zeitalter an ihre Grenzen.

Die „Gesellschaft für musikalische Aufführungs- und mechanische Vervielfältigungsrechte" (GEMA) vertritt in Deutschland die Urheberrechte von mehr als 63.000 Mitgliedern (Komponisten, Textautoren, Musikverlegern) und von über einer Million Rechteinhabern aus aller Welt. Die Nutzung von Musik nimmt allerdings im digitalen Zeitalter neue Formen an, unabhängig vom physischen Besitz der Musik wie im Fall des Streamings. Der Nutzer konsumiert online Musik, ohne sich durch Downloads zum Kauf zu verpflichten. Dies geschieht in einem „rechtskritischen" Raum. Gegen eine Gebühr gewähren Streaming-Portale den Zugang zu umfangreichen File-Sammlungen, die auch mobil abgerufen werden können. Die GEMA setzt sich auch hier für eine Beteiligung der Musiker an den vor allem durch Werbebanner erzielten Einnahmen ein und untersagt die Verwertung, sofern mit dem Anbieter keine Einigung über die Höhe der Lizenzgebühr erzielt werden kann. Dies zeigt die langjährige Auseinandersetzung mit dem YouTube-Betreiber Google.[38] Grundsätzlich ist dies ein Engagement im Sinne der Urheber. Allerdings stehen die betroffenen Musiker vor dem Dilemma, dass ihre Musik verfügbar sein muss, um Anhänger zu finden. Hierfür sind Online-Plattformen wie YouTube in hohem Maße geeignet. Das Besondere an Musikprodukten ist, dass die Vermarktung mit dem Bekanntmachen zusammenfällt, d. h. das Hörbarmachen von Musik dient immer zugleich auch Marketingzwecken. Eine PR-Strategie zielt darauf ab, den Bekanntheitsgrad eines Künstlers zu steigern und den Künstler als Marke aufzubauen, was zu höheren Verkaufs- und größeren Publikumszahlen bei Konzerten, kurz: zu einer Steigerung seines Marktwertes führt. Im Bereich der Social Media lassen sich Marketingstrategien und PR-Strategie verknüpfen, wodurch Musiker doppelt profitieren können. Die Mechanismen, die von der GEMA vertreten werden, sind dafür jedoch nach Aussage vieler ungeeignet, unverhältnismäßig und zu wenig transparent.

Alternativ zur GEMA ist unter dem Namen „Creative Commons" im Jahre 2001 ein Konzept entwickelt worden, das speziell für die Nutzung und Verbreitung digitaler Medien (Fotos, Videos, Texte, Spiele, Code-Schnipsel, Musikaufnahmen) ausgelegt ist. Im Sinne einer rechtskräftigen Erlaubnis handelt es sich um ein modulares Lizenzmodell, mit dem das Hörbarmachen, das Verändern und das Weitergeben von Musik differenziert eingeräumt werden können. Es bietet Musikern verschiedene Möglichkeiten, ihre Werke im Web zu veröffentlichen, ohne sie für jede Art der Verwendung freigeben (verschenken) oder mit jedem Interessierten einzeln einen Lizenzvertrag aushandeln zu müssen. Das Konzept der Creative Commons bietet insgesamt sechs vorgefertigte Lizenzverträge, die es Urhebern ermöglichen, selbständig über die Vergabe von unterschiedlichen Nutzungsrechten zu entscheiden.[39] Creative Commons tritt dabei weder als Vertragspartner noch als Vermittler oder Wächter in Erscheinung.

Alle Creative Commons Lizenzverträge gestatten, dass Musik grundsätzlich nur unter der namentlichen Nennung des Urhebers hörbar gemacht, verändert oder weitergegeben werden darf. Darüber hinaus können Nutzungsmöglichkeiten eingeschränkt werden. Eine erste Lizenz entscheidet beispielsweise darüber, ob ein Werk abgewandelt werden darf. Eine zweite Lizenz schreibt fest, ob eine kommerzielle Verwendung zulässig ist. Eine dritte Lizenz stellt das aus der Verarbeitung entstandene Werk unter dieselbe Lizenzbedingung wie das Ursprungswerk. Die Abb. 1 bietet einen Überblick über die aktuell verfügbaren Creative Commons Lizenzen.

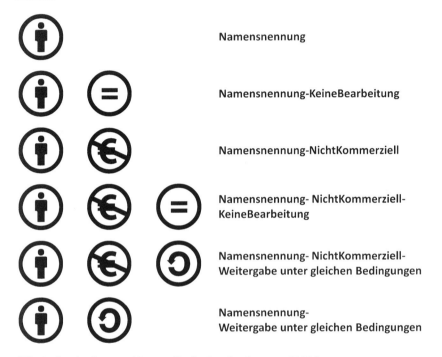

Abb. 1: Creative Commons Lizenzen (Quelle: Creative Commons, 2012a)

Einer unter vielen Vorteilen von Creative Commons gegenüber der GEMA besteht darin, dass der Künstler eigenständig und flexibel mit der Lizenzierung seiner Werke umgehen kann. Die Kennzeichnung bestimmter Verwendungszwecke erlaubt es, die Musik im Netz verfügbar zu machen, strategisch zu verbreiten oder auch spielerisch mit ihr umzugehen (z.B. Remix, Mashups oder Verarbeitung in Videos etc.). Die selbständige Verteilung der auf diese Weise gekennzeichneten Musik durch interessierte Nutzer wird zusätzlich gefördert, weil den Nutzern angezeigt wird, dass sie die Medien in dem angegebenen Rahmen nutzen und sogar weiterverbreiten und kopieren dürfen. Jedoch schließen sich die Mitgliedschaft bei der GEMA und die Verwendung von Creative Commons Lizenzen für ihre Titel aus. Durch den Wahrnehmungsvertrag mit der GEMA überträgt der Künstler eine

Reihe ausschließlicher Nutzungsrechte an all seinen musikalischen Schöpfungen. „Die Nutzung einer Creative Commons Lizenz für GEMA Mitglieder ist somit zurzeit nicht möglich, da diese nicht mehr über die hierfür erforderlichen Rechte verfügen", wie auf der Hilfeseite unter creativecommons.org zu lesen ist.[40] Daher steht der Musiker vor einer grundsätzlichen Entscheidung.

1.2   Die Künstlerin Zoe Leela und Creative Commons

Nur wenige Musiker haben bisher das Creative Commons Konzept für ihr Marketing entdeckt. Bestes Beispiel für eine erfolgreiche Nutzung der Creative Commons Lizenzen ist aktuell die Solokünstlerin Zoe Leela aus Berlin, deren Musik sich zwischen den Genres Soul, Jazz, Pop bis Electro bewegt. Ihr erstes Album „Queendome Come" (Abb. 2 links) war 2009 als EP bei dem renommierten Kölner Netlabel „Rec 72" erschienen, das ausschließlich unter Vergabe von Creative Commons Lizenzen mit Künstlern kooperiert. Das Mini-Album schlug ein wie eine Bombe, allein im ersten Monat nach Veröffentlichung registrierte der Server über 34.000 Downloads. War Zoe Leela anfangs nur über ihre Zusammenarbeit mit „Rec72" zu Creative Commons gekommen, setzt sich die Künstlerin mittlerweile aktiv für deren Verbreitung unter Musikern ein. Ihr Erfolg macht sie auf Workshops, Konferenzen und in der Presse förmlich zum Aushängeschild für Creative Commons.

Auch ihr zweites Album „Digital Guilt" (2012) wird über Creative Commons Lizenzen bekannt gemacht, diesmal in Kollaboration mit dem Indie-Label Motor Entertainment. Unter der Bezeichnung „Rent a Recordcompany" nach dem Geschäftsmodell „Rent a Label" bietet Motor Music einen Service für Musiker an, der die Felder Vermarktung, Promotion und Distribution unter der Maßgabe abdeckt, dass jegliche finanzielle Risiken, die Labels noch vor einigen Jahren für ihre Schützlinge eingegangen sind (Kosten für CD-Produktion, Marketingkosten, Promoter etc.), von den Musikern selbst getragen werden. Motor fungiert lediglich als ausführende Instanz und erhält dafür eine prozentuale Beteiligung am Nettoumsatz.[41] Dieses Geschäftsmodell wird immer häufiger von Indie-Labels angewandt. Das Risiko liegt also nun beim Künstler, der seine Entscheidungen selbst trifft, dafür hält er alle Rechte an seinem Produkt.

Die Veröffentlichung des neuen Albums von Zoe Leela bei Motor wird mit einer Reihe von Thesen zur GEMA begleitet. Das ist natürlich auch geschickte Werbung in eigener Sache. In Tim Renner, der als Geschäftsführer von Motor seit einigen Jahren sehr erfolgreich in Vorträgen, Buchveröffentlichungen[42], Presse-Interviews und auf seinen eigenen Medienkanälen alternative Wege in der Musikvermarktung propagiert, hat Zoe Leela neben einem Geschäftspartner auch einen idealen Verbündeten gefunden. Zum Aufgabenbereich von Motor zählt neben der digitalen Bereitstellung auf iTunes und auf der Homepage der Künstlerin der Vertrieb des Albums als physisches Produkt. Das erklärte Ziel ist es, den Konsumenten frei über Preis und Produkt-Format entscheiden zu lassen. Durch solche flexiblen Erwerbs-

Abb. 2: Zoe Leela und das Album-Cover zu „Queendome Come" (links; Quelle: Rec72) und „Digital Guilt" (rechts; Quelle: Motor Entertainment, 2011)

formen im Sinne einer Liberalisierung des Marktes und mit den Creative Commons Lizenzen wird auch die Art der Nutzung geregelt. Auf diese Weise ist es dem Käufer der klassischen CD möglich, unter Quellenangabe die Musikstücke mit Freunden zu teilen, ohne zum Raubkopierer zu werden.

Zoe Leela verwendet die Creative Commons Lizenz Namensnennung-Nicht-kommerziell-Weitergabe unter gleichen Bedingungen (CC BY-NC-SA) zur Kennzeichnung ihrer Musiktitel, zum Beispiel auf Musikplattformen wie Bandcamp (Abb. 3).[43] D.h. die Titel dürfen von allen Interessierten kostenlos heruntergeladen werden. Außerdem kann das Produkt bearbeitet werden. Es gilt jedoch, dass der Name der Künstlerin stets zu nennen ist. Außerdem muss bei einer Weiterverarbeitung der lizenzierten Inhalte das entstandene neue Werk unter gleichen Lizenzbedingungen weitergegeben werden. Dagegen dürfen die Musiktitel nur für nichtkommerzielle Zwecke genutzt, vervielfältigt und verbreitet werden.[44] Will der Nutzer in irgendeiner Form mit dem Titel Geld verdienen, ist er verpflichtet, mit der Urheberin Kontakt aufzunehmen und einen gesonderten Lizenzvertrag auszuhandeln. Auch wenn das Werk verändert wurde oder nur Teile daraus genutzt werden, gelten alle diese Bedingungen.

Zoe Leelas Musik kann im Rahmen der festgelegten Creative Commons Lizenzen legal im Internet heruntergeladen werden. Der Zugang zu ihrer Musik ist da-

Abb. 3: Creative Commons Lizenzlogo „Namensnennung-Nicht-kommerziell-Weitergabe unter gleichen Bedingungen" (Quelle: Creative Commons, 2011)

durch stark vereinfacht und ihr Name an die Verbreitung direkt gekoppelt. Für die kostenlosen Downloads bekommt sie kein Geld, jedoch steigert sie die Reichweite und den Bekanntheitsgrad ihres musikalischen Schaffens enorm. Der Erfolg, weltweit 34.000 Mal innerhalb eines Monats heruntergeladen zu werden, wäre unter GEMA-Bedingungen nicht denkbar gewesen.[45] Als GEMA-Mitglied sind vom Künstler aktuell knapp 13 Cent pro Download an die Verwertungsgesellschaft zu entrichten.[46] Bei den hohen Downloadzahlen im Falle Zoe Leelas ergibt sich hier schnell eine Summe, die für die Künstlerin nicht nur sehr hoch, sondern auch inakzeptabel erscheint, wenn es nur darum geht, die eigenen Rechte wahrzunehmen.

Der Erfolg von Creative Commons spiegelt sich nicht nur in Downloadzahlen wider. Positives Feedback erreicht die Künstlerin aus aller Welt, etwa durch E-Mails oder Nachrichten in Social Networks. Aufwendige und langwierige Vertriebsdeals in verschiedenen Marktarealen sind dafür gar nicht notwendig. Die Hörerschaft vergrößert sich von ganz alleine. In der Musik-Community Last.fm wachsen ihre Hörerzahlen, die Besucherzahlen ihrer Konzerte steigen, Zoe Leela wird im Radio gespielt, zum Beispiel bei dem öffentlich-rechtlichen Sender „Fritz" des RBB.

Radioplays fallen im Übrigen nicht unter Creative Commons, weil es sich hierbei um eine kommerzielle Verwendung handelt, die einen eigenen Lizenzvertrag mit der Künstlerin erfordert. Da Radioplays für Zoe Leela besonders wichtig für ihre mediale Reichweite sind, hat sie in dieser Hinsicht vorgesorgt. Für ihr zweites Album „Digital Guilt" hat sie die Nutzung für Radio und Podcasts vorab mit einem Hinweis im CD-Booklet geregelt, der das Abspielen der Album-Tracks im Radio ohne gesonderte Lizenz gestattet. Das Logo „Creative Commons" setzt ein Statement: das Bekenntnis zur offenen Netzkultur und zur kreativen Nutzung von Musik über die Grenzen der analogen Welt hinaus. Zoe Leela schafft Bewusstsein für das Thema. Ihr aktuelles Album „Digital Guilt" setzt sich auch inhaltlich mit der Debatte um Musikvermarktung im digitalen Zeitalter auseinander. Sie verarbeitet darin unter anderem Vorurteile und Widerstände, auf die sie im Zuge ihrer Arbeit mit Creative Commons gestoßen ist. Außerdem beweist sie mit ihrem Album, dass Creative Commons keine Frage der musikalischen oder technischen Qualität ist. Alle bislang veröffentlichten Songs wurden von Zoe Leela nicht zuletzt unter professionellen Studiobedingungen von Cem Oral[47] gemastert.

Darüber hinaus stellt sie sich bewusst der Diskussion und nutzt alle Kommunikationskanäle, um auf ihre Musik und Creative Commons aufmerksam zu machen. In eigenen Blogartikeln und einer Reihe von Presse-Interviews leistet sie „Aufklärungsarbeit" und etabliert sich auf diese Weise als Expertin in der Creative Commons Praxis. Im Rahmen der Berlin Music Week 2010 war sie zu Gast in einem all2gethernow-Panel zum Thema „Getting paid for Creative Commons licensed content – sounds weird?". 2011 war sie ebenfalls zu einem all2gethernow-Panel eingeladen. Eine Live Show im Anschluss nutzte sie, um das Album „Digital Guilt" anzukündigen.

Zoe Leela lädt über das Produkt zur offenen, kreativen Kooperation zwischen Nutzer und Künstlerin ein, indem die nicht-kommerzielle Weiterverarbeitung unter

Nennung ihres Namens und gleichwertiger Lizenzierung zulässig ist.[48] Nicht zuletzt befördert der produktive Umgang mit ihrer Musik eine intensive Auseinandersetzung, die weit über das einfache Anhören hinausgeht. Von Nutzern erstellte Remixes oder Videos verbreiten sich im Web und erweitern wirkungsvoll ihre Bekanntheit und Reichweite. Bei aller Offenheit im Umgang mit den Produkten schützen Lizenzvereinbarungen vor rechtlichem Missbrauch. Die Kontrolle über die rechtmäßige Nutzung der lizenzierten Inhalte liegt in erster Linie beim Urheber selbst. Allerdings ist dies nur begrenzt machbar, selbst wenn im Internet potenziell mehr als in anderen Medien Spuren zurückverfolgt werden können. Außerdem wird die Medienlandschaft zunehmend komplexer und eine eigenständige Kontrolle immer aufwendiger. Hier könnte eine Zusammenarbeit mit einer Creative Commons Verwertungsgesellschaft wie der „C3S", die 2010 ihre Gründung auf der all2gethernow angekündigt hat[49], sinnvoll sein. Sie bietet Künstlern an, Verwaltungs- und Kontrollaufgaben von Creative Commons Lizenzen zu übernehmen.

1.3   Partnerschaften und Musiksponsoring

Zoe Leelas Produkt gewinnt durch die Nutzung von Creative Commons auch an kommerziellem Wert, was sich darin äußert, dass Wirtschaftsunternehmen und Medien Interesse an einer Zusammenarbeit mit der Künstlerin bekunden. Durch die erhöhte Aufmerksamkeit für ihre Musik und das Thema Creative Commons sowie durch eine treue Anhängerschaft besetzt Zoe Leela eine Künstlermarke, die mit einer Ethik verbunden ist. Die kritische Situation, in der sich der physische Musikmarkt befindet, die schleppende Entwicklung des digitalen Musikmarktes und die Marktsättigung durch den niedrigen Marktzugang stellen alle Musiker, die von ihrer Musik leben wollen, vor die Herausforderung, alternative und innovative Vermarktungsmodelle zu finden. Zoe Leela experimentiert mit Hilfe der Creative Commons, wie eine solche Vermarktung aussehen kann.

Bleibt zu klären, wie die Künstlerin ihre Arbeit finanziert, wenn ihr Produkt kostenlos erhältlich ist. Dies gelingt ihr über Partnerschaften in Wirtschaft und Medien. Die kooperativen Aktivitäten zwischen Musikgeschäft und Wirtschaft lassen sich unter dem Begriff des Musiksponsoring zusammenfassen. Im Sportbereich ist Sponsoring ein etabliertes Geschäft. Künstler haben sich lange gesträubt, von kommerziellen Unternehmen finanzielle Unterstützung in Anspruch zu nehmen. Sie fürchteten eine Vereinnahmung und den Vorwurf der Käuflichkeit. Mittlerweile ist es weder ein Geheimnis noch wird es als verwerflich angesehen, dass sich ganze Kulturinstitutionen allein durch Unterstützung aus der Wirtschaft finanziell am Leben halten können.[50]

Musiksponsoring weist unterschiedliche Facetten auf. Das Leistungsportfolio beschränkt sich nicht nur auf finanzielle Unterstützung seitens des Unternehmens, es bringt dem Künstler ebenso Sympathie und Vertrauen für seine Person und seine Musik entgegen. Im Gegenzug liefert der Künstler eine emotionale Sensibilisierung für das Produkt bzw. das Unternehmen. Produkt und Marke des Unternehmens werden mit der Kunst und dem Profil des Künstlers assoziiert und erfahren dadurch eine Aufwertung. Die Künstlerin Zoe Leela bietet hierfür ein anschauliches Beispiel. Ihre Single „Destroy she says" ist im Making of Video zur Mercedes Benz Fashion Week 2010 zu hören, in dem unter anderem Schauspielerin und Model Milla Jovovich zu sehen ist. Zoe Leela profitiert hier mehrfach. Die verwendeten Songs wurden unter dem Aspekt einer kommerziellen Nutzung verhandelt, d. h. das Automobilunternehmen kauft sich die Verwertung für ihr Werbevideo. Neben dem finanziellen Nutzen wird die Musik über Kanäle verbreitet, die ihr vorher nicht offen standen. Hinzu kommt, dass das synchrone Auftreten von Stars wie Milla Jovovich in Verbindung mit Zoe Leelas Musik positive Assoziationen mit der Musikerin wecken. Weitere Beispiele für Kooperationen zwischen Künstlerin und Wirtschaft sind folgende:

► **Mercedes Benz Mix Tape:** Zoe Leelas Song „Destroy she says" erscheint auf dem Mercedes Benz Mixtape 2010.
► **Volkswagen:** Zoe Leela ist Teil der VW Sound Foundation Family. Sie profitiert u. a. dadurch, dass sie die von Volkswagen gestellten Fahrzeuge für Tourzwecke nutzen kann. Außerdem steuert Zoe Leela den Soundtrack zur Bewerbung des VW EOS bei.
► **SEAT:** SEAT dreht einen Werbefilm mit Zoe Leela.
► **Peek & Cloppenburg:** Zoe Leelas Musik ist bei der „Young Fashion"-Kampagne zu hören.
► **Iriedaily:** Zoe Leela hat einen Endorsement-Vertrag mit der Modemarke iriedaily und trägt bei Auftritten und Fotoshoots Kleidung der Marke.

Die finanzielle Vergütung aus solchen Kooperationen kann äußerst unterschiedlich ausfallen. Zoe Leela nutzt sie nach eigenen Aussagen vor allem dazu, Produktionskosten ihrer Marketingaktivitäten zu decken.

Ein wichtiger Kooperationspartner für Künstler, besonders bezüglich der Erhöhung ihres Bekanntheitsgrades, sind die Medien. Das Medienunternehmen erhält exklusive Inhalte und der Künstler wird dafür exklusiv mit einer Titelstory hervorgehoben. Zoe Leela startete 2010 eine Partnerschaft mit dem Beat Magazin, das ihre bundesweite Tour 2010 präsentierte. Außerdem führte das Fachmagazin für Musikproduzenten einen Remix Contest zu ihrem Song „Destroy she says" durch. Dazu wurde auch eine große Anzeige in der Printausgabe 02/2010 geschaltet. Der Track wurde online in einem Remix-Pack zum Download gestellt.[51] Insgesamt gingen im Einsendezeitraum 424 Remixes ein, was ein sehr beachtlicher Erfolg ist und von Major-Labels kaum erreicht wird. Dabei ging es den Teilnehmern nicht nur ums Gewinnen, denn auch nach dem Einsendeschluss wurden noch Einsendungen nachgereicht. Für Zoe Leela boten sich überraschende, genreübergreifende Ergebnisse. Der aus Frankreich stammende Sieger des Contests wurde auf einem internationalen DJ-Meeting im Mai 2010 in Bochum bekannt gegeben und im Radio gespielt.

1.4   Der Name ist das Kapital

Im Mittelpunkt des Erfolges eines Musikers steht jedoch immer noch das Produkt, die Musik, denn der Upload von Musikdateien zusammen mit dem Creative Commons Lizenzlogo reicht dafür, dass die Musik auch von vielen Menschen heruntergeladen und gehört werden will, nicht aus. Je mehr die Musik genutzt und je weiter sie verbreitet wird, desto bekannter wird auch ihr Urheber, denn alle Creative Commons Lizenzverträge sind mit seinem Namen verknüpft. Ein guter Name bedeutet letztlich Aufmerksamkeit und ein loyales Publikum. Er zahlt sich zu gegebener Zeit auch wirtschaftlich aus.

Zoe Leela hat sich mit dem Erfolg ihres ersten Albums und ihrem pressewirksamen Engagement in der Debatte um alternative Wege der Musikvermarktung im doppelten Sinne einen Namen gemacht. Die Berliner Künstlerin bewegt sich auf neuen Pfaden des Musikgeschäfts. Dabei setzt sie auf finanzielle Unabhängigkeit und Eigeninitiative. Alles in Eigenregie zu machen, ist zwar anstrengend, aber Kreativität und Vermarktung gehören für sie zusammen. Die Creative Commons Lizenzen stellen für Zoe Leela einen Weg dar, diese Werte der Unabhängigkeit zu wahren und sich als Künstlerin zu verwirklichen. Gleichzeitig besetzt sie ein Thema unverkennbar mit ihrer Künstlerperson und formt auf diese Weise die Assoziation ihres Images mit dem digitalen Zeitgeist, Kreativität und Selbstermächtigung im engen Austausch mit den Fans wie auch der Presse. Doch können hochwertige Musikproduktionen nicht am laufenden Band geschaffen werden. Daher sucht sie den Dialog zu den Fans über verschiedene Kanäle des Social Web, um die über ihre Musik geschaffene Beziehung auszubauen. Die Möglichkeit, Meldungen über Twitter oder Facebook zu posten, nutzt die Künstlerin regelmäßig, um ihre Fans auf dem Laufenden zu halten, etwa um auf thematisch relevante Artikel zu Creative Commons und zur Download-Debatte zu verweisen oder um ihre Konzerte anzukündigen. Dabei kann sie Videos, Fotos und Musikproduktionen, die mit Creative Commons Lizenzen veröffentlicht wurden, unkompliziert für ihre Kommunikation nutzen. Von einzelnen Kanälen wie Facebook möchte sie sich aber nicht abhängig machen. Daher positioniert sie ihre eigene Homepage als zentrale Anlaufstelle im Netz vor allen Social Media Plattformen.

Die Verwendung von Creative Commons bedeutet nicht, dass sie mit ihrer Musik kein Geld verdienen kann. Der Verkauf ihrer Musik bei iTunes oder auch als physisches Produkt im CD-Album Format ist dadurch nicht beeinträchtigt. Besonders mit Musiksponsoring hat Zoe Leela gute Erfahrungen gemacht. Partnerschaften zu Wirtschaft und Medien sind für sie lukrative Erlösquellen. Die Herausforderung für die Künstlerin besteht allerdings darin, trotz aller verschiedenen Kooperationen und Auftritte in Verbindung mit Marken und Produkten ein widerspruchsfreies und konsistentes Image bei den Hörern zu hinterlassen. Nur so erlangt Zoe Leela als Marke Glaubwürdigkeit und die erforderliche Aufmerksamkeit sowie eine tragfähige Bindung zum Fan.

Das Beispiel der Künstlerin zeigt, welche Potenziale sich durch alternative Formen der Musikvermarktung und -verwertung im digitalen Raum öffnen können.

Creative Commons bieten eine flexible Möglichkeit für den Künstler, Medien über das Internet zu verbreiten mit dem Vorteil, Interessenten einen legalen Zugang zu ihrer Musik bieten zu können, ohne auf das eigene Urheberrecht zu verzichten. Der Künstler sollte jedoch bereit sein, umzudenken und sich mit alternativen Erlösmodellen sowie lukrativen Partnerschaften in Wirtschaft und Medien intensiv auseinanderzusetzen. Angesichts der enormen Bedeutung des Internets mit der Eigenschaft der totalen Verfügbarkeit scheint nicht die künstliche Verknappung, wie sie von traditionellen Geschäftsmodellen in den letzten Jahrzehnten praktiziert wurde, sondern Freizügigkeit und der Aufbau einer Künstlermarke erfolgversprechend. Dafür leisten Creative Commons eine geregelte Basis.

Ein eigenes Marketingkonzept entwickeln und umsetzen (unter besonderer Berücksichtigung des Internets) – dabei will der Zertifikatskurs DigiMediaL Musiker unterstützen. Hier, an dieser Stelle soll nun ein Instrument aus dem Curriculum des Kurses vorgestellt werden, das sich zur Entwicklung und Reflexion von Marketingaktivitäten als überaus hilfreich für die teilnehmenden Musiker erwiesen hat. Es handelt sich um einen Leitfragebogen, der am Beginn der Konzeptentwicklung zum Brainstorming anregen und mit Hilfe von neuen thematischen Impulsen und Feedback im Verlauf des Kurses weiter konkretisiert werden soll. Unter theoretischen Aspekten zum Marketing, Musikmarkt, Social Web und Medienrecht wurde der Fragebogen speziell für den Zertifikatskurs konzipiert und anhand der Ergebnisse und im Austausch mit den Teilnehmenden ständig optimiert. Dargestellt wird hier der erste Abschnitt, der die Produkt-, Markt- und Umfeldanalyse der individuellen Musikprojekte behandelt.

2 Leitfragebogen zur Entwicklung eines individuellen Selbstmarketingkonzeptes für Musiker

(Matthias Krebs)

2.1 Hinweise für den Einsatz des Leitfragebogens

Aus der Kurspraxis soll im Folgenden ein Leitfragebogen vorgestellt werden. Eine Einführungsveranstaltung sensibilisiert die Teilnehmenden für das Thema Selbstmarketing und bereitet die Anwendung des erworbenen Marketingwissens auf das eigene Musikprojekt vor. Eine moderierte Diskussion bietet die Möglichkeit, die bisherigen Entwürfe von Marketingmaßnahmen kritisch zu überdenken. Besondere Aufmerksamkeit gilt dabei der strategischen Einordnung und Bewertung bestehender Aktivitäten anhand von elementaren Marketingbegriffen. In der Regel schließen sich hieran Überlegungen zu einer Neukonzeption der Marketingstrategie an. Die Erfahrung aus mehreren Kursdurchgängen zeigt, dass es den Teilnehmenden große Probleme bereitet, eine Produkt-, Markt- und Umfeldanalyse für ihre eigenen Musikprojekte durchzuführen. Diese Bestandsaufnahme stellt aber eine wichtige Station auf dem Weg zu einem plausiblen Marketingkonzept dar. Hierfür wird den Teilnehmenden in der Veranstaltung „Grundlagen des Strategischen Marketings" mit der SWOT-Analyse eine klassische Methode an die Hand gegeben. Das Analyserepertoire soll durch den Fragenkatalog und die an Präsentationen angekoppelten Feedbackschleifen erweitert werden. Der Fragebogen dient daher in einer ersten Findungsphase dazu, Marketingziele, -strategien und -maßnahmen zu strukturieren. In einem mehrstufigen Entwicklungsprozess werden diese weiter optimiert und konkretisiert.

Den teilnehmenden Musikern bereitet es oftmals Schwierigkeiten, eine sachgemäße Selbsteinschätzung zu geben, so dass von ihnen häufig wenig aussagekräftige Klischees oder Stereotypen bemüht werden. Beispielsweise wird betont, dass es sich um „hochwertige", „anspruchsvolle" und „kreative" Musik handle, ohne sie näher charakterisieren zu können. Das Feedback der Gruppe und das nachfolgende persönliche Expertencoaching unterstützt die Teilnehmenden dabei, prägnante und zielführende Beschreibungen ihrer Musikprojekte zu formulieren und klare Alleinstellungsmerkmale zu erkennen. Als zweckdienlich für diejenigen Musiker, die noch keinerlei Erfahrungen mit einer Marketingkonzeption und -umsetzung haben, hat es sich bewährt, einen Rollenwechsel vorzunehmen und ihr Musikprojekt nicht als Künstler, sondern aus der distanzierten Sicht eines „Marketingexperten" einzuschätzen. Die schriftliche Fixierung unterstützt den Entwicklungsprozess effektiv über den Kurs hinaus. Hilfreich ist bei der Ergebnispräsentation auch die reduzierte, konzentrierte Darstellung auf Plakaten. Die Musiker werden dazu aufgefordert, die Fragen möglichst kurz und präzise zu beantworten, damit das Projekt klar und konkret kommunizierbar bleibt.

2.2   Ausschnitt aus dem Leitfragebogen

Die Leitfragen sind in drei Abschnitte gegliedert. Der erste Abschnitt bezieht sich auf die Analyse, der zweite auf die Ziel- und Strategieebene und der dritte auf die Maßnahmen und Werkzeuge zur Erfolgskontrolle. Diese drei Abschnitte sind wiederum untergliedert. Ihnen sind Unterfragen zugeordnet, die Anhaltspunkte für eigene Überlegungen bieten, aber nicht zwingend beantwortet werden müssen. Der folgende Ausschnitt des Bogens befasst sich mit der Ausgangslage der konkreten Musikvermarktung.

I Ausgangslage

a) **Name, Logo / Foto, Kurzbeschreibung, Besonderheit / Alleinstellungsmerkmal in 5 Stichpunkten**
   – Überblick, kurz und knapp
b) **Produkt: Wie kann die Musik beschrieben werden, die vermarktet werden soll?**
   – In welcher Besetzung wird gespielt?
   – Welche Erwartungen hat das Publikum? (z.B. Einflüsse, Besonderheiten, Musikgattung, Spielweise)

c) **Zielgruppe: Für wen könnte die Musik interessant sein?**
   - Wie sähe ein Fan-Prototyp aus?
   - In welchen Situationen hört der Fan die Musik?
   - Welche Medien nutzt der Fan zum Musikgenuss?
   - Wie viel würde die Person Eintritt bezahlen? Wen bringt der Fan zum Konzert mit? (z.B. Sinus Milieus, Interessengruppen, Klischees, Fankulturen)

d) **Markt: Wo soll die Musik verkauft werden?**
   - In welcher Region soll die Musik vertrieben werden (regional, national, international)?
   - Welche Vertriebskanäle sollen genutzt werden?
   - Um welches Medienformat handelt es sich?
   - Expertenmusik oder Popmusik?

e) **Wettbewerber: Wer spielt oder verkauft vergleichbare Musik?**
   - Wer spielt vor gleichem Publikum in ähnlichen Spielstätten?
   - Wie sieht das Marketing dieser Musiker aus?
   - Welche Kommunikationskanäle verwenden sie? (z.B. Recherche mit Google, Zeitungen, Umfragen, systematische Analyse)

Diese Fragestellungen knüpfen an das im Curriculum des Zertifikatskurses vermittelte Wissen an und eröffnen den Raum für weitere Fragen, die die Strategieentwicklung und die Umsetzung der Marketingmaßnahmen in Form des Marketing-Mixes betreffen.

2.3   Inhaltliche Einordnung des Leitfragebogens

Die Vorgehensweise orientiert sich an der klassischen Marketingpyramide. Der Leitfragebogen soll den Musiker in erster Linie einen übersichtlichen „Fahrplan" für die eigene Marketingstrategie an die Hand geben, der strukturiert abgearbeitet werden kann (vgl. Kapitel 1 im Theorieabschnitt). Nach der Standortbeschreibung und Selbstpositionierung werden Marketingziele, Marketingstrategien und der Marketing-Mix festgelegt (Abb. 1). An der Basis der Pyramide steht die Erfolgskontrolle, die am Ende eine Optimierung des Prozesses ermöglicht. Nach einem erfolgreichen Durchlaufen der Pyramide und der Auswertung des Projekts kann mit einer neuen Zieldefinition die Pyramide erneut von oben nach unten durchschritten werden. Gilt das Marketingziel als nicht erreicht, kann die Zieldefinition korrigiert und ein weiterer Durchgang in Angriff genommen werden.

Der Leitfragebogen greift die in den Kurseinheiten von DigiMediaL behandelten Themen auf, wovon auch eine Auswahl in diesem Buch aufgenommen ist. Neben dem Einstieg in das strategische Marketing (vgl. Kapitel 1 im Theorieabschnitt), liefert das Kapitel „Der Mensch als Marke im Musikmarketing" nützliche Informationen zu Branding und PR. Im Beitrag „Musikvermarktung im Internet" werden wichtige Hinweise zur Marktsituation bzw. für die Positionierung im deutschen Musikmarkt vermittelt.

Universität der Künste Berlin

Zentralinstitut für Weiterbildung

Marketingkonzeption und Umsetzung

Abb. 1: Auszug aus Folien zum Thema „Selbstmarketing", DigiMediaL (Susanne Hamelberg)[52]

Zu den Autoren

Prof. Dr. Dr. Thomas Schildhauer

Prof. Dr. Dr. Thomas Schildhauer ist geschäftsführender Direktor des Zentralinstituts für Weiterbildung (ZIW), das die Weiterbildungsangebote der Universität der Künste Berlin bündelt und u.a. auch den Zertifikatskurs „DigiMediaL – Strategisches Musikmarkting im Internet" durchführt. Er gründete 1999 und leitet seitdem außerdem als Direktor das größte An-Institut der Universität der Künste, das Institute of Electronic Business (IEB). Zudem ist er Mitglied des erweiterten Präsidiums der Universität der Künste Berlin und designierter Direktor des 2011 gegründeten Alexander von Humboldt Instituts für Internet und Gesellschaft. Prof. Schildhauer lehrt außerdem im Masterstudiengang „Information and Management Technology" an der Universität St. Gallen.

Prof. Dr. Martin Grothe

Prof. Dr. Martin Grothe ist Geschäftsführer der complexium GmbH in Berlin (www.complexium.de): Seit 2004 werden Unternehmen durch Social-Media-Analyse und Strategieentwicklung dabei unterstützt, ihre Zielgruppen und Themen besser zu verstehen und zu erreichen. Prof. Grothe ist Vorstand des Deutschen Competitive Intelligence Forums dcif e.V., Beirat des Quality in Employer Branding Queb e.V. und der Initiative Deutschlands Arbeitgebermarken, als Honorarprofessor an der Universität der Künste Berlin steht „Management" im Masterstudiengang „Leadership in Digitaler Kommunikation" in seinem Fokus.

Susanne Hamelberg

Susanne Hamelberg hat an der Universität der Künste Berlin Gesellschafts- und Wirtschaftskommunikation studiert. Seit 2002 ist sie in der universitären Weiterbildung tätig und entwickelt flexible Weiterbildungskonzepte unter Berücksichtigung unterschiedlichster Anforderungen. An der Charité Universitätsmedizin Berlin war sie für die Konzeption einer interaktiven Anwendung zur Optimierung der Usability im E-Learning zuständig und konzipierte im E-Learning-Team eine Enrollment-Strategie für die gesamte Universität. Am Zentralinstitut für Weiterbildung der Universität der Künste Berlin interessiert sie sich für flexible, nachfrageorientierte Weiterbildungskonzepte. In diesem Zusammenhang beschäftigt sie sich mit der Perspektive der Differenz in der Weiterbildungskonzeption.

Prof. Dr. Dieter Georg Herbst

Prof. Dr. Dieter Georg Herbst ist einer der international anerkanntesten Experten für die Markenführung von Menschen. Er ist zum einen Berater für Unternehmen, Organisationen und Personen; zum anderen ist er Honorarprofessor für Strategisches Kommunikationsmanagement an der Universität der Künste Berlin, Gastprofessor der Lettischen Kulturakademie Riga (Lettland) und Dozent für Kommunikationsmanagement an der Universität St. Gallen. 2011 wurde er von der Zeitschrift „Unicum Beruf" zum „Professor des Jahres" gewählt. Prof. Herbst hat 16 Bücher über Marketing, Marketing und Unternehmenskommunikation geschrieben. Seine Website: www.dieter-georg-herbst.de

Matthias Krebs

Matthias Krebs ist Physiker, Medien- und Diplom-Musikpädagoge und hat als Tenor das Studium zum Opernsänger absolviert. Er ist als wissenschaftlicher Mitarbeiter am Zentralinstitut für Weiterbildung an der Universität der Künste (UdK) Berlin Kursleiter für die Zertifikatskurse „DigiMediaL – Strategisches Musikmarketing im Internet" und Lehrbeauftragter im Fach Musikpädagogik an der Universität Potsdam und der UdK Berlin. Seine Forschungsschwerpunkte betreffen: Digitale Medien in Lehre und Forschung, Kommunikationsstrategien auf Online-Musikplattformen, Musiker-Selbstvermarktung und Mediennutzung. Als Gründer und Leiter des iPhone-Orchesters „DigiEnsemble Berlin" untersucht er neue Formen des Musikmachens mit Smartphones und Tablets. Seine Webseite: www.matthiaskrebs.net

Britta Lüerßen

Die ausgebildete Agraringenieurin leitet beim Bundesverband Musikindustrie (BVMI) den Bereich Marktforschung und Entwicklung. Dort ist sie für die Betreuung der kontinuierlichen Branchenstatistiken, die offiziellen Musik-Charts, Gold- und Platin-Verleihungen sowie die Entwicklung und Erstellung von Branchen-Studien für bestehende und neue Geschäftsfelder zuständig. Vor ihrer Zeit beim BVMI verantwortete sie bei Universal Music den Bereich Market Research und konnte dort umfangreiche Erfahrungen in der Künstler-Marktforschung sammeln, u. a. durch ihre Konzeption und den Aufbau einer firmeneigenen Umfrageplattform für Musikfans.

Stephan Steigleder

Stephan Steigleder studierte BWL und arbeitete währenddessen zunächst als DJ und später als freier Musikjournalist. Ab 1996 war er freier Mitarbeiter von u.a. Motor Music, Sony Music oder Sonar Kollektiv. Seit Mitte der 90er Jahre setzt sich Stephan Steigleder mit dem Themengebiet „Musik im Internet" auseinander. 1998 schrieb er seine Diplomarbeit über Musik on Demand und die Konsequenzen für die Musikindustrie. Nach dem Studium folgten Stationen bei Onlineagenturen wie BBDO Interone, iconmobile oder opus 5, bei der er Projektleiter für die erste kostenpflichtige MP3-Plattform war.

Zudem arbeitete er u.a. als Berater bei der Filmdokumentation „MPS", die 2006 den Filmpreis der Deutschen Schallplattenkritik erhielt.

Seit Juli 2006 ist Stephan Steigleder als „Director Digital Media" für sämtliche Aufgaben der Universal Music Division Classics & Jazz in den Bereichen Digitale Medien verantwortlich. Neben der Betreuung von Genre-, Künstler- und Eventwebseiten zählt auch die Entwicklung integrierter Cross/Media-Strategien in den Bereichen B2B und B2C, Web 2.0 und CRM zu seinen Aufgaben. Seit 2007 ist er außerdem Gastdozent an der UdK Berlin.

Anmerkungen

1 Vgl. Porter (1995), S. 25 ff. und Becker (2009), S. 95 f.
2 Vgl. Hinterhuber (1977), S. 45 und Becker (2009), S. 104.
3 Vgl. Porter (1995), S. 25 ff. und Becker (2009), S. 95 f.
4 Vgl. Meffert/Burmann/Kirchgeorg (2008), S. 10.
5 Vgl. Becker (2009), S. 4 f.
6 Vgl. Becker (2009), S. 23.
7 Vgl. Becker (2009), S. 141 f.
8 Vgl. Becker (2009), S. 415.
9 Vgl. Becker (2009), S. 148 f.
10 Vgl. Becker (2009), S. 180.
11 Palfrey/Gasser (2008), S. 1.
12 Vgl. Franck (1998).
13 Herbst (2003).
14 Zitat aus einem Interview vom 18.06.2011 zum Thema Crowdfunding für das Branchenmagazin „musikmarkt" (siehe Krebs und Kupillas, 2011).
15 Vgl. Jodeleit (2010), Vorwort.
16 Trendbezeichnungen sind Arbeitsbegriffe für Phänomene, die in Entwicklung begriffen sind. Trends und Gegentrends bieten widersprüchliche Alternativen auf dieselben Herausforderungen.
17 Vgl. Christakis und Fowler (2010), S. 16.
18 Bis heute werden Banner-Anzeigen wie Facebook-Ads zwar sehr zielgerichtet in die Plattformnutzung eingebunden, haben aber dennoch enorm geringe Effektivität und sind außerdem sehr kostspielig.
19 Tatsächlich sind es gerade einmal drei bis zehn Prozent der Fans, die eine durchschnittliche Fanpage-Seite zu sehen bekommen. Der geheimnisumwitterte Facebook-Algorithmus ‚Edgerank', der angibt, wie sichtbar ein Facebook-Post für Nutzer ist, lässt nur einen Bruchteil der Facebook-Fans die eigenen Updates sehen. Ob und wie viele Fans eine Nachricht zu sehen bekommen, ist abhängig von der Intensität der Kommunikation zwischen Nutzern, dem Gehalt eines Posts und der verstrichenen Zeit. Vgl. Pagelever (2011).
20 „45 minutes until I show you the stage! I'm so excited. The Haus has been working so hard, we can't wait for you to see it!!". Vgl. Lady Gaga (2012).
21 Matthiesen (2012).
22 Weber (1921), S. 13 f.
23 Terra Naomi (2006).
24 Vgl. Bartlewski (2012).
25 Bonaparte (2012).
26 Meinke (2003).
27 Vgl. Jansen-Schulz (2008 und 2010).
28 Gendermainstreaming bedeutet, bei allen gesellschaftlichen Vorhaben die unterschiedlichen Lebenssituationen und Interessen von Frauen und Männern von vornherein und

regelmäßig zu berücksichtigen, da es keine geschlechtsneutrale Wirklichkeit gibt. Vgl. dazu auch Bundesministeriums für Bildung und Forschung (2001).

29   Stifterverband für die Deutsche Wissenschaft (2011).

30   Vgl. Van Eimeren/Frees (2011), S. 360.

31   Vgl. Bundesverband Musikindustrie e. V. (2011), S. 12.

32   Vgl. Van Eimeren/Frees (2011), S. 364.

33   BITKOM (2011), S. 4.

34   Nielsen (2011), S. 10.

35   Sinus-Sociovision (2011).

36   Müller (2011), S. 168 ff.

37   Das „Gesetz über die Wahrnehmung von Urheberrechten und verwandten Schutzrechten" ist seit 1965 in Kraft. Vgl. GEMA (2011a).

38   Eine Vielzahl an Musikvideos wird in Deutschland auf YouTube nicht abgespielt. Der Betreiber von YouTube, Google, verweist hierbei explizit auf die GEMA. Grund dafür ist ein Verhandlungsstreit zwischen Google und der GEMA. Angesichts enormer Werbeeinnahmen des Konzerns Google im Zusammenhang mit Musikvideos wird mit dieser Maßnahme insbesondere der Druck auf die GEMA, die eine faire Beteiligung der Urheber verhandeln möchte, erhöht.

39   Vgl. Creative Commons (2012a).

40   Vgl. Creative Commons (2012b).

41   Siehe dazu unter: http://www.rent-a-recordcompany.de.

42   Renner (2004).

43   Das Album „Queendome Come" lässt sich zum Beispiel herunterladen unter: http://zoeleela.bandcamp.com/album/queendom-come (Stand: 16.11.2011). Die einzelnen Lizenzmodule werden durch entsprechende Logos, die mit dem lizenzierten Inhalt veröffentlicht werden, gekennzeichnet.

44   Vgl. Creative Commons (2012c).

45   Siehe dazu das Interview mit Thomas Ternes vom 03.01.2012.

46   Vgl. GEMA (2011b).

47   Cem Oral ist u. a. Gründungsmitglied von Air Liquide und arbeitete bereits mit Größen wie dem Wu Tang Clan, Gwen Stefani, Nine Inch Nails, Bonarparte und vielen mehr zusammen. Siehe dazu unter: http://www.jamminmasters.de.

48   Durch die klare Kennzeichnung mit Creative Commons (er-)spart die Künstlerin beispielsweise Anfragen anderer Kreativer, die sich für ihr Werk interessieren und daraus Remixes, Samples oder ähnliches zur nicht-kommerziellen Nutzung erstellen wollen.

49   Vgl. Senges (2010).

50   Im Jahr 1997 investierten Unternehmen in der BRD erstmals mehr als eine Mrd. DM in Kultursponsoring, davon gingen über 30 Prozent, somit mehr als 300 Mio. DM, in den Bereich Musik. Von den musikfördernden Firmen engagierten sich 63 Prozent für klassische Musik, bei Sponsorships im Pop-Rock-Dance-Bereich sind Musiksponsoring und Jugendmarketing oft eng verknüpft und ideal für synergetische Partnerschaften und optimale Zielgruppenansprachen. Vgl. Feil (1998), S. 37 ff.

51   Das REMIX SAMPLE PACK „Destroy She Says" ist noch immer unter http://rec72.net/?p=658 verfügbar (Stand: 18.11.2011).

52   Vgl. auch Becker (2009), S. 4 f. Abgeleitet von der Marketingkonzeption und -umsetzung kann auch eine PR-Strategie entwickelt werden, die passgenau die PR-Kommunikationsziele, die PR-Kommunikationsstrategien und die Kommunikationsmaßnahmen festlegt. Die Marketingstrategie und die PR-Strategie werden im Bereich der Social Media verknüpft, so dass neben Umsatzzielen auch die Bekanntheit auf Online-Plattformen sowie in sozialen Netzwerken angezielt wird.

Literaturverzeichnis

Ansoff, H. I. (1966): Management-Strategie. München.

Bartlewski, M. (2012): Je digitaler, desto ärmer. on3 schaut Bodi Bill in die Geldbörse. URL: http://on3.de/e/12940#/element/12940. (Zugriff: 10.02.2012).

Becker, J. (2009): Marketing-Konzeption. Grundlagen des ziel-strategischen und operativen Marketing-Managements. München.

BITKOM (2011) (Hrsg.): Soziale Netzwerke – Eine repräsentative Untersuchung zur Nutzung sozialer Netzwerke im Internet. Berlin.

Bonaparte (2012, 09.02.): we have just answered 174 consecutive questions with „NO". [Twitter Post]. URL: https://twitter.com/#!/ETRAPANOB/status/16797457134 8201472. (Zugriff: 10.02.2012).

Bundesministerium für Bildung und Forschung (2001) (Hrsg.): Women in Education and Research. Gender Mainstreaming. URL: http://www.bmbf.de/pub/women_in_education_ and_research.pdf. (Zugriff: 20.09.2011).

Bundesministerium für Familie, Senioren, Frauen und Medien (2011) (Hrsg.): Gender Mainstreaming. URL: http://www.gender-mainstreaming.net. (Zugriff: 19.09.2011).

Bundesverband Musikindustrie e.V. (2011) (Hrsg.): DCN-Studie 2011. Berlin.

Creative Commons (2012a): Namensnennung-Nicht-kommerziell-Weitergabe unter gleichen Bedingungen 3.0 Deutschland (CC BY-NC-SA 3.0). URL: http://creativecommons. org/licenses/by-nc-sa/3.0/de. (Zugriff: 03.01.2011).

Creative Commons (2012b): Was muss ich beachten, wenn ich Mitglied der GEMA bin und eine Creative Commons-Lizenz benutzen will? URL: http://de.creativecommons. org/faqs/#was_muss_ich_antwort. (Zugriff: 07.01.2012).

Creative Commons (2012c): Was ist CC?. URL: http://de.creativecommons.org/was-ist-cc. (Zugriff: 03.01.2012).

Christakis, N. A.; Fowler, J. H. (2010): Connected! Die Macht sozialer Netzwerke und warum Glück ansteckend ist. Frankfurt am Main.

Deja, C./Jansen-Schulz, B. (2011) (Hrsg.): Integratives Gendering – „Ich würde ja gern, aber ich frage mich, wie!". BestPractice aus dem Genderberatungsprojekt 2010 in den technischen Fakultäten der Fachhochschule Hannover. URL: http://www.fh-hann over.de/fileadmin/media/doc/gb/Broschuere_Integratives_Gendering.pdf. (Zugriff: 01.11.2011).

Feil, H. G. (1998): Musiksponsoring - Der emotionale Weg zum Kunden. In: Stiftung und Sponsoring 4/98. S. 37–40.

Ferrell, O. C.; Lucas, G. H.; Luck, D. (1994): Marketing-Strategy. Cincinnati.

Franck, G. (1998): Ökonomie der Aufmerksamkeit. Ein Entwurf. München.

GEMA (2011a): Urheberrechtswahrnehmungsgesetz. Gesetz über die Wahrnehmung von Urheber-rechten und verwandten Schutzrechten (Urheberrechtswahrnehmungsgesetz – UrhWG –). URL: https://www.gema.de/recht-politik/gesetze/urheberrechtswahr nehmungsgesetz.html. (Zugriff: 10.12.2011).

GEMA (2011b): Information Musik-on demand/Musikvideo-on-demand. URL: https://www.gema.de/fileadmin/user_upload/Musiknutzer/Informationen/information_musikvideo_on_demand.pdf. (Zugriff: 07.01.2012).

Heike Matthiesen (2012, 04.02.): @axljung_san und ich möchte immer fair sein, habe ja selber genügend Wettbewerbe mitgespielt #idealistischegitarra [Twitter Post]. URL: http://twitter.com/#!/gitarra/statuses/165843646837555200. (Zugriff: 12.02.2012).

Herbst, D. G. (2003): Der Mensch als Marke. Göttingen.

Hinterhuber, H. H. (1977): Strategische Unternehmensführung. Berlin, New York.

Jansen-Schulz, B. (2008): „Integrative Gendering". A Strategy for Teaching, Research and University Structures. In: Humboldt-Universität zu Berlin, Zentrum für trans-disziplinäre Geschlechterstudien (Hrsg.): Bulletin Texte 34. URL: https://plone.gender.hu-berlin.de/forschung/publikationen/gender-bulletins/texte-34/ (Zugriff: 01.11.2011).

Jodeleit, B. (2010): Social Media Relations. Leitfaden für erfolgreiche PR-Strategien und Öffentlichkeitsarbeit im Web 2.0. Heidelberg.

Johnson, G.; Scholes, K. (1993): Exploring Corporate Strategy. New York u. a.

Krebs, M.; Kupillas, J. (2011): Musiker und Crowdfunding – geht das? In: musikmarkt. Juli 2011.

Lady Gaga (2012, 06.02.): 45 minutes until I show you the stage! I'm so excited. The Haus has been working so hard, we can't wait for you to see it!! [Twitter Post]. URL: http://twitter.com/ladygaga. (Zugriff: 10.02.2012).

Meffert, H.; Burmann, C.; Kirchgeorg, M. (2008): Marketing. Grundlagen marktorientierter Unternehmensführung. Konzepte – Instrumente – Praxisbeispiele. Wiesbaden.

Meinke, K. (2003): Musikindustrie. Goliaths schlimmster Albtraum. Spiegel Online. 23.12.2003 URL: http://www.spiegel.de/kultur/musik/0,1518,279547,00.html. (Zugriff: 12.12.2011).

Müller, A. (2011): Umfragestunde. Umfragen für eigene Website mit LimeSurvey erstellen. In: C't - magazin für computertechnik. Heft 19/2011. S. 168–170.

Nielsen (2011) (Hrsg.): State Of The Media: The Social Media Report Q3 2011. New York.

Pagelever (2011): Most Facebook pages reach only 3%–7.5% of their fans. URL: http://pagelever.com/fan-pages-impressions-pageviews-benchmark-methodology. (Zugriff: 07.02.2012).

Palfrey, J.; Gasser, U. (2008): Born digital Generation Internet. Die Digital Natives. Wie sie leben, was sie denken, wie sie arbeiten. München.

Porter, M. E. (1995): Wettbewerbsstrategie. Methoden zur Analyse von Branchen und Konkurrenten. Frankfurt/Main.

Renner, T. (2004): Kinder, der Tod ist gar nicht so schlimm. Über die Zukunft der Musik- und Medienindustrie. Frankfurt/Main, New York.

Senges, W. (2010): C3S: Creative Commons Verwertungsgesellschaft - in Gründung. URL: http://www.contentsphere.de/serendipity/archives/82-C3S-Creative-Commons-Verwertungsgesellschaft-in-Gruendung.html. (Zugriff: 30.12.2011).

Sinus-Sociovision (2011): Sinus-Milieus. URL: http://www.sinus-institut.de/loesungen/sinus-milieus.html (Zugriff: 10.12.2011)

Stifterverband für die Deutsche Wissenschaft (2011): Ungleich besser! Verschiedenheit als Chance. URL: http://www.stifterverband.org/wissenschaft_und_hochschule/hochschulen_im_wettbewerb/ungleich_besser/. (Zugriff: 19.09.2011).

Terra Naomi (2006): Say It's Possible. URL: http://www.youtube.com/watch?v=ARHyRI9_NB4. (Zugriff: 23.01.2012)

Busemann, K./Gescheidle, C. (2011): Ergebnisse der ARD/ZDF-Onlinestudie 2011. In: Media Perspektiven. Heft 7–8/2011.

Weber, M. (1921/1972): Wirtschaft und Gesellschaft. 5. Auflage. Tübingen.

Wilson, R. M. S; Gilligan, C. (1997): Strategic Marketing Management. Oxford u. a.

Wollnik, J., (2000): Distributionspolitik in der Tonträgerwirtschaft. Berlin.

Edition *K*reativwirtschaft
Herbert Grüner und Elmar D. Konrad (Hrsg.)

Weitere Titel aus der Reihe

Elmar D. Konrad

Kulturmanagement und Unternehmertum

2010. 260 Seiten, 111 Abb. Kart.
€ 32,–
ISBN 978-3-17-020420-1

Klaus-Dieter Müller
Wolfgang Flieger
Jörn Krug

Beratung und Coaching in der Kreativwirtschaft

2011. 224 Seiten, 29 Abb. u. Tab. Kart.
€ 27,90
ISBN 978-3-17-021117-9

▶ **www.kohlhammer.de**

W. Kohlhammer GmbH · 70549 Stuttgart
Tel. 0711/7863 - 7280 · Fax 0711/7863 - 8430 · vertrieb@kohlhammer.de

Kohlhammer